乡村电子商务丛书

主编 李琪

张 国 友 编著

农产品

电子商务

中原农民出版社

·郑州·

图书在版编目（CIP）数据

农产品电子商务 / 张国友编著 . —郑州：中原农民出版社，2020.12

（乡村电子商务丛书 / 李琪主编）

ISBN 978-7-5542-2350-5

Ⅰ．①农… Ⅱ．①张… Ⅲ．①农产品－电子商务－中国 Ⅳ．①F724.72

中国版本图书馆CIP数据核字（2020）第225316号

农产品电子商务
NONGCHANPIN DIANZI SHANGWU

出 版 人：刘宏伟
选题策划：朱相师
责任编辑：肖攀锋
责任校对：张晓冰
责任印制：孙 瑞
装帧设计：杨 柳 薛 莲

出版发行：中原农民出版社
　　　　　地址：郑州市郑东新区祥盛街 27 号 7 层　　邮编：450016
　　　　　电话：0371 － 65788655（编辑部）　 0371 － 65788199（营销部）
经　　销：全国新华书店
印　　刷：河南省邮电印刷厂
开　　本：710 mm×1010 mm　1/16
印　　张：18
字　　数：194 千字
版　　次：2021 年 1 月第 1 版
印　　次：2021 年 1 月第 1 次印刷
定　　价：78.00 元

如发现印装质量问题，影响阅读，请与印刷公司联系调换。

乡村电子商务丛书
编委会

主　任　李　琪

副主任　彭丽芳　魏延安

委　员　明小波　薛伟宏　张　宇　董林峰

　　　　帅青红　秦成德　颜锦江　赵宝柱

　　　　陈　兵　张国友

本书作者

编　著　张国友

参　编　徐雪枫　曹　明　李滨涵　王姗姗

总　序

为乡村振兴战略插上腾飞的翅膀

党的十九大报告中提出，要实施乡村振兴战略，促进农村一二三产业融合发展，拓宽增收渠道。随着"互联网＋"的兴起，乡村电子商务正逐渐成为农民增收致富的重要手段。电子商务（有时也简称"电商"）作为先进的生产力和生产方式正从城市走向农村，"电商扶贫""上山下乡"取得了显著成就，带动了农村地区的经济发展，提高了农村居民生活水平和改善了农村生态环境。

多年来互联网技术的快速发展和电子商务的蓬勃兴起，正在重塑着城乡的经济社会发展面貌。尤其是对于乡村发展而言，对这种力量的需求更为迫切。广袤的农村蕴含着巨大的人力、资源富矿，需要的恰恰就是像淘宝、京东、拼多多等这样更能结合时代发展趋势的新平台、新方式。用科技改变农村面貌，尤其是深入触及乡村经济的结构化调整与升级，让农民摆脱单一的耕种生存模式，向现代化企业主、产业工人转型，成为近年来电子商务下乡热潮的驱动力。

首先，电子商务下乡不仅是经济层面的创新，更涉及其他宏观层面，例如对农村社会化、组织化建设的推动。这些年来，农民大多是一家一户在自己的田地上耕作，而广大"新农人"往往与地方政府联动，从当地优势产业发展出发，主打几类重点产品。由于乡村"新农人"背后连接着天猫和淘宝等电子商务平台，通过大数据、用户画像等路径，能够更为精准地了解用户需求，甚至根据数据曲线预判来年消费者需求变化，如此一来，各个"淘宝村"的农民就可以集中资源，按照需求与订单来提供对应农产品及其他产品。不少"新农人"已经发展成为中小企业管理者，可以整合其他农民的资金、土地、产品等，对内把控质量，对外树立品牌，统一产品输出。碎片化的农村单元逐渐发展成为组织化、系统化的中、小、微型企业运作，农民的角色和意识都实现了跨越式转型发展。

其次，电子商务下乡带来的是农村公共服务的现代化。城乡二元制的一大难题是农村公共资源配给少、层次不高。而乡村基层干部可调配的资源有限，不能为农民提供相匹配的公共服务。近年来，不少地方通过推动电子商务下乡工程，不仅为农民带来了新的创收途径，也在与电子商务的协同中实现了管理和服务的创新。比如更多农村干部逐步掌握了互联网知识，并向所在乡村农民普及互联网开放、平等、自由、共享的精神，以及以客户为中心的服务模式，开始贯穿到乡村的日常运转中，提高效能，以农民所需为本，一手抓现有资源聚合释能，一手抓从县乡政府到村委会的组织体制改革，最终形成了堪比城市的公共服务理念和绩效。

在国家政策的大力支持下，我国乡村电子商务发展迅猛，正在深刻改变着传统农产品流通方式，成为加快转变农业发展方式，完善农产品市场机制，推动农业、农村信息化发展的新动力，对发展现代农业、繁荣乡村经济、改善城乡居民生活的作用日益凸显。同时，由于多种原因，我国乡村电子商务发展仍处在初级阶段，面临着基础设施条件差、农产品标准化程度低、流通体系不完整、市场秩序不规范、诚信体系不健全、配套政策不完善等困难和问题，亟须提高认识，提出对策，采取有效措施切实加以解决。为此，我们专门组织策划了"乡村电子商务丛书"，以问题为导向，深层次、全方位地阐述乡村电子商务在我国乡村振兴战略实施进程中应当发挥的更加积极的作用，为乡村振兴战略顺利实施插上腾飞的翅膀。

"乡村电子商务丛书"第一辑的内容涵盖了《县域电子商务干部读本》《乡村互联网金融》《乡村电子商务概论》《大学生村官电子商务》《邮政乡村电子商务》《农产品电子商务》《种植养殖业电子商务》《乡村旅游电子商务》《乡村电子商务实务》共计9卷。"乡村电子商务丛书"的撰写汇聚了国内相关领域的权威专家和学者，历时两年多完成初稿，获得了2019年度国家出版基金的资助，经专家委员会论证、修改、完善，最后由中原农民出版社审定出版。

"乡村电子商务丛书"的出版能够进一步梳理我国乡村电子商务发展的轨迹，总结乡村电子商务发展经验，探讨乡村电子商务形成规律，整理乡村电子商务发展模式，发现和探讨乡村电子商务存在的问题，推动我国乡村电子商务高质量发展，助力乡村振兴战略顺利实施！

"乡村电子商务丛书"可积极参与国家电子商务专业技术人才知识更新工程，开展新型农业经营主体培训，让专业大户、家庭农场、农民合作社等新型农业经营主体、高素质农民和农业企业负责人掌握农产品和农业生产资料网上经营策略和技巧，为培养一批有理论和实践能力的乡村电子商务人才和切实提高新型农业经营主体电子商务应用能力提供智力支持。该丛书采用彩色印刷，图文并茂，配置了模块化阅读内容，让读者在轻松阅读的基础上快速、便捷地掌握乡村电子商务专业知识，进而服务于产业、生产、经营等现代农业体系。

教育部电子商务类专业教学指导委员会副主任委员
中国信息经济学会副理事长、电子商务专业委员会主任
西安交通大学经济与金融学院教授

2020 年 12 月

前　言

　　农产品电子商务是发展乡村电子商务的重点之一。发展农产品电子商务具有全局性、战略性和前瞻性，与建设社会主义新农村、缩小城乡差距、脱贫攻坚以及全面建成小康社会的战略相一致。

　　传统的批发零售市场作为国内农产品流通的主流渠道，连接着生产者和消费者。近年来，农产品产量稳步增长，每年有大量农产品进入流通领域，传统的批发渠道越来越难以满足这个亿吨级的农产品市场。线上电商渠道近年来发展迅速，未来将是一个重要的流通渠道。农产品与电子商务的全方位整合，为农户提供了全方位服务，帮助农户以市场需求为导向合理管理资源，安排生产，及时响应市场需要。它是一种全新理念和技术的结合，将突破传统管理思想，为农业带来全新竞争优势。

　　农产品电子商务之所以能够蓬勃发展，根本原因在于能够为生产者和消费者提供多样化、便捷化的服务，提高了传统流通渠道的效率，分别为他们创造了巨大的价值，从而为整个社会创造了巨大价值。农产品电子商务通过整合上下游资源、减少农产品流通中介环节、缩短产品流通链、降低农产品的流通成本、健全农产品市场机制和功能，从而具有速度优势、顾客资源优势、个性化产品优势、成本优势等。

　　上网农民日渐增多，农产品电商发展需求潜力大；"万村千乡"

市场工程使农村流通网点密布，为发展农产品电子商务提供了实体店基础；数字乡村建设催生数字农产品电商；基础建设的巨大进展，为发展农产品电子商务提供了技术基础；各级政府的重视与政策支持偏好的效应，为发展农产品电商提供了政策红利；新农村建设及特色农业发展，为发展乡村电子商务提供了物质基础；经济新常态下国内市场竞争的深化，为发展乡村电子商务提供了市场动力。所有这些，都表明了农产品电子商务发展的必然性。

农产品电子商务是指围绕农产品的生产、经营而开展的一系列电子化的交易和管理活动，包括农业生产的管理，农产品的网络营销、电子支付、物流管理以及客户关系管理等。它是以信息技术和网络系统为支撑，对农产品从生产地到顾客手上进行全方位、全过程的管理。农产品电子商务的实践已经丰富多彩，模式、平台、策略等正在百花齐放，本书仅就其主要环节进行研究和展现。另外，任何商务总是有买卖双方，本书更多地从卖方的视角解读农产品电子商务，更多地致力于总结其主要环节的发展经验和策略。

本书由张国友进行全书构思和章节安排，以及对全书统稿编纂。其中，第一、第四章由徐雪枫负责编写，第二、第七章由王姗姗负责编写，第三、第八章由李滨涵负责编写，第五、第六章由曹明负责编写。

本书参考了多种文献资料，虽然主要参考文献资料已尽力列出，但是仍难免有所遗漏。谨向作者致谢！并请读者批评指正！

编著者
2020 年 6 月

目 录
Contents

第一章
农产品电子商务概述

随着互联网的迅速普及，各种信息的传播速度不断提高，覆盖范围不断扩大，越来越多的农产品"卖难""菜贱伤农"等新闻进入到公众的视野内，不仅令人痛心，也沉重地打击了部分农民的积极性。而另一边则是令城市消费者屡屡惊呼的"高菜价"，甚至有人连连感叹"吃不起"。这种"菜贱伤农"与"高菜价"的矛盾现象的背后所涉及的因素是多方面的，包括流通环节过多、运输成本高、收购商囤货、产品质量参差不齐等，错综复杂。幸运的是，农产品电商的发展让农民有了更广阔的销售市场，相对传统的线下渠道极大地减少了流通环节，从而让农产品销售渠道变得更为通畅。这种变化不仅有利于农产品价格的提升，也有利于消费者购买到质量更优的农产品。农产品电商的发展是中国传统农业向现代农业转型升级的表现，也是新消费升级的表现。监测数据显示，2016 年我国农产品网络零售额达到 1 589 亿元，带动农民增收超过 100 亿元，2017 年农村农产品网络零售额达 2 500 亿元，2018 年农产品网络销售额达 3 000 亿元，这些都表明农产品消费额持续高速增长。

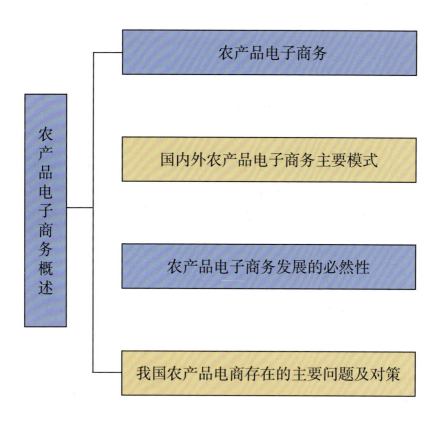

农产品电子商务

国内外农产品电子商务主要模式

农产品电子商务发展的必然性

我国农产品电商存在的主要问题及对策

农产品电子商务概述

第一节　农产品电子商务

农产品与电子商务的全方位整合，为农户提供全方位服务，帮助农户以市场需求为导向合理管理资源，安排生产，及时响应市场需要。它是一种全新理念和技术的结合，将突破传统管理思想，为农业带来全新竞争优势。

一、我国农产品电商的四个发展阶段

第一阶段：起步期（1998~2004 年），以粮食、棉花网上交易为标志。1998 年，郑州商品交易所集诚现货网（现名"中华粮网"）开始进行网上粮食交易；2002 年，全国棉花交易市场推出商品棉电子撮合交易，并提供资金、物流配送、信息等配套服务。这一时期，农产品电子商务主要局限于大宗交易，只是现货交易的一种补充。

第二阶段：形成期（2005~2011 年），以生鲜农产品网上交易为标志。从 2009 年开始，全国涌现了一大批生鲜农产品电商，改写了人们对农产品电商客体的定义和内容，生鲜农产品电商品牌运营一时成为热点。这一时期，农产品电商与人们日常生活之间的距离不断被拉近。

第三阶段：成长期（2012~2014 年），以农产品电商创新模式的竞相推出为标志。2014 年，随着电商的广泛普及，B2C、C2C、C2B、O2O 等各种电商模式被应用于农产品电商。同时，新一代互联网、物联网、大数据、云计算、区块链等大量先进信息技术被引入农产品电商。这一时期，农产品电商受资本青睐，融资和兼并重组频发。

第四阶段：发展期（2015年至今），以农产品电商相关政策的密集出台为标志。随着国务院颁布《关于积极推进"互联网+"行动的指导意见》《关于促进农村电子商务加快发展的指导意见》《关于深入实施"互联网+流通"行动计划的意见》等诸多文件的实施，农产品电商迅速发展，越来越多的消费者通过网络直接购买特色农产品。

二、农产品电子商务概念

农产品电子商务就是指围绕农村的农产品生产、经营而开展的一系列电子化的交易和管理活动，包括农业生产的管理、农产品的网络营销、电子支付、物流管理以及客户关系管理等。它是以信息技术和网络系统为支撑，对农产品从生产地到顾客手上进行全方位、全过程的管理。

通过网络平台嫁接各种服务于农村的资源，拓展农村信息服务业务、服务领域，使之兼而成为遍布乡村的"三农"信息服务站。作为农产品电子商务平台的实体终端直接扎根于农村，服务于"三农"，真正使"三农"服务落地，使农民成为平台的最大受益者。农产品电子商务平台配合密集的乡村连锁网点，以数字化、信息化的手段，通过集约化管理、市场化运作、成体系的跨区域跨行业联合，构筑紧凑而有序的商业联合体，降低农村商业成本，扩大农村商业领域，使农民成为平台的最大获利者，使商家获得新的利润增长点。

农产品电子商务服务包含网上农贸市场、特色旅游、特色经济、数字农家乐和招商引资等内容。一是网上农贸市场。迅速传递农、林、渔、牧业供求信息，帮助外商出入属地市场和帮助属地农民开拓国内市场、走向国际市场。进行农产品市场行情和动态快递、商业机会撮合、产品信息发布等。二是特色旅游。依托当地旅游资源，通过宣传推介来扩大对外知名度和影响力，从而全方位介绍属地旅游线路和旅游特色产品及企业等信息，发展属地旅游经济。三是特色经济。通过宣传、介绍各个地区的特色经济、特色产业和相关的名优企业、产品等，扩大产品销售通路，加快地区特色经济、名优企业的迅猛发展。四是数字农家乐。为属地的农家乐（有地方风情的各种餐饮娱乐设施单元）提供网上展示和宣传的渠道。通过运用地理信息系统技术，制作当地农家乐分布情况的电子地图，同时采集农家乐基本信息，使其风景、饮食、娱乐等各方面的特色尽在其中、一目了然。既方便城市百姓的出行，又让农家乐获得广泛的客源，实现城市与农村的互动，促进当地农民增收。五是招商引资。搭建各级政府部门招商引资平台，介绍政府规划发展的开发区、生产基地、投资环境和招商信息，更好地吸引投资者到各地区进行投资生产经营活动。

尽管农产品电子商务的发展条件日臻成熟，但建立和完善农产品电子商务不是一朝一夕能完成的工程。因此，农产品电子商务发展的道路任重而道远，还需要社会上多方面的共同努力。

三、农产品电子商务的作用

1. 速度优势

基于系统整合的农业电子商务系统按整合的观念组织生产、销售、物流方式，最快速度响应客户需求，给农业带来速度优势。

2. 顾客资源优势

传统农业生产经营是被动的，没有着眼于客户，更没将客户作为资源纳入管理。整合的农业电子商务系统可通过各种方式收集客户及市场信息，为企业提供最直接最有价值的信息资源。

3. 个性化产品优势

整合的电子商务系统可以解决个体生产难以解决的品种单一问题，实现多产品、少批量、个性化生产。其一，它可在互联网支持下形成一套快速生产、加工、运输、销售计划；其二，在信息技术支持下，农户和农业企业可根据市场战略随时调整产品、重新组合、动态演变，适应市场变化；其三，柔性管理可实行职能重新组合，让每个农户或团队获得独立处理问题的能力，通过整合各类专业人员的智慧，获得团队最优决策。技术、组织、管理三方面的结合，使个性化农业生产成为现实。

4. 成本优势

整合的电子商务系统解决了产品个性化生产和成本是一对负相关目标这一矛盾。低生产成本、零库存和零交易成本，使农户在获得多样化产品的同时，获得了低廉的成本优势。

综上所述，农业发展需要一套集企业管理思想和各种信息系统于一体的，投资少、实用的电子商务系统。农户甚至不用自己拥有网络设施和管理系统，只要在乡镇政府中心机房就可以实现农户个体管理企业化、电子商务化。

四、发展农产品电子商务的重要意义

农产品电子商务不断的发展能够持续改进我国农产品领域的流通现状，加快农产品贸易的发展。

（一）有利于减少农产品流通中介环节，缩短产品流通链

传统的中介组织本质上是凭借其发达的信息网络和购销网络，将规模小、经营分散、自销能力弱的生产农户组织起来进入市场，

增加农户的市场竞争力，降低经营风险。电子商务的出现动摇了传统中介的存在基础，通过电子商务平台，生产者能直接和消费者进行交流，迅速了解市场信息，自主地进行交易，大大加强其信息获取能力、产品自销能力和风险抵抗能力，降低了对传统中介的依赖性。通过电子商务，选择和保留附加值高的流通环节，合并或去除附加值低的渠道。例如，在农产品流通领域中，批发市场因规模大、商品集散、价格形成及供需调节功能强，附加值较大。而产销地的中间商规模较小，信息传递、产品集散、价格调节功能较弱，附加值较小。因此，可以以传统的农产品批发市场为现实载体，去除中间商环节，构建"生产者农户—农村销售合作组织—商务电子批发市场—（网上）零售商—消费者"新型的电子商务流通链，减少农产品流通环节，加速商品和信息的流动。

（二）有利于降低农产品的流通成本

电子商务可以减少农产品流通环节，缩短流通链，不仅降低了农产品流通的运输保鲜成本和时间成本，而且节约了交易中介的运营费用及其抽取的利润。另外，通过电子商务平台，生产者能直接、迅速、准确地了解市场需求，生产出适销、适量的农产品，避免因产品过剩而导致超额的运输、储藏、加工及损耗成本，节约信息搜寻成本、摊位费、产品陈列费用、询价议价成本等在内的交易成本和因信息不通畅而带来的风险成本。

（三）有利于健全农产品市场机制和功能

1. 有利于健全市场价格机制

市场分割、信息不对称、缺乏充分竞争的市场环境是农产品价格不稳定的主导因素。通过电子商务网络平台，各地的农产品批发市场能相互连通，形成全国性的农产品流通大市场。另外，农产品虚拟市场可以容纳大量的交易者，实现交易的集约化和市场的规模化。再者，电子商务的自动化也可大大减少人工成本和人为干预，不仅使交易的边际成本接近零，而且让每个交易者都享有平等的信息获取和交易机会，保证市场高度的透明性和公平性。因此，电子商务可以打破信息闭塞、市场割据的局面，构建规模大、信息流畅、透明度高、竞争充分的全国农产品统一市场，建立反应灵敏、健全有效的公平价格形成机制。

2. 有利于改进市场交易方式

高成本、低效率的对手交易已经难以适应农产品流通发展的要求，市场呼唤更加先进、高效的交易方式，如拍卖交易方式。拍卖交易是指在公开的场合对农产品的所有权进行竞价转让的交易方式，具有价格信号灵敏、交易规模化、市场透明度高、中介环节少、竞争充分等特点。然而，传统的招标拍卖因受地理位置、物理空间和通信手段的限制，交易者数量有限、手工操作的交易效率低。电子商务的自动化和空间可扩展性为传统的拍卖交易提供了新的发展空间。通过电子商务拍卖平台，大量分布广泛的交易者可以进行网上零距离的沟通和交易，构成充分竞争的市场环境。另外，虚拟拍卖市场能提供拍卖申请、招标竞价、电子支付、配送服务等一条龙的自动化服务，既提高了交易效率，又减少了人为因素的干扰，保证了市场的公开、公正、公平。

3. 有利于完善市场的信息服务功能

我国已建立和开发了许多农业信息服务系统，主要从各农产品市场中获取最新的信息，进行筛选、加工、处理。它们可作为服务后台，提供原始的或经过分析处理的有用信息。而电子商务网站可作为信息发布前台，将各类信息进行整合、发布，并与其他农产品市场进行信息联网，使用户能从同一平台上获得即时、全面、有价值的信息。另外，电子商务网站还能提供各类信息增值服务，如信息的搜索、查询，同类产品销量、价格的汇总、比较等，帮助用户减少信息搜寻成本，提高信息利用率，满足用户的多样化需求。

4.有利于打造农产品品牌

长期以来，我国农产品缺乏自己的知名品牌。产品的营销在一定程度上可以理解成品牌的营销，只有具备具有竞争力的品牌才有可能为产品打开市场，但目前我国很多地区农产品的品牌意识很薄弱。农村电子商务运营模式的发展，则能有效改善这一现状。互联网在品牌的呈现力、品牌的传播范围、品牌广告制作成本上都有着无比巨大的优势，在电子商务平台的基础上，农产品品牌更容易推广到其他地区，在短时间内能建立起品牌的声誉。

第二节　国内外农产品电子商务主要模式

一、国内农产品电子商务主要模式

（一）农产品电子商务按照平台属性分类

1."平台＋自营"模式

电商平台从供货商处采购农产品，进行统一的品控、仓储、营销和物流配送，并用产业链中后端资源整合优化前端。该模式典型代表为京东自营，既可以充分发挥大型电商平台流量大、产品全的优势，又以电商平台自身声誉和品牌影响消费者对农产品质量形成良好预期，所以农产品供应保障程度高。但是，电商企业深度介入了除农产品生产和加工外的所有环节,具有重资产特征,扩张受限多,短期盈利难，资金压力大。

2. "平台＋商家店铺"模式

农产品生产者或供应商在大型电商平台开设网店，并负责农产品的货源、品控、仓储和营销，物流配送多选择第三方快递公司。淘宝、苏宁易购等电商平台上的农产品商家店铺、旗舰店均属于这种类型。该模式相对较低的进入门槛，有利于各地农产品快速迈入电商时代，农产品交易规模和品类也因此高居现有模式之首。但是，该模式下农产品供应和物流均由商家负责，电商平台对商家监管难度大，极易出现假冒伪劣等机会主义行为。

3. "平台＋品牌营销驱动"模式

企业以自有的品牌影响力和营销能力为基础，向前整合生产加工资源，确保农产品供应，向后响应消费者需求，借助电商平台开展农产品网上销售。例如，三只松鼠、百草味、西域美农均属于这一类型，用品牌进行品质保证，用现代营销方式强化顾客黏性。但是，该模式下的企业对于上下游合作方的监管难以完全到位。

4. 全产业链运营模式

农产品生产加工企业自建电商平台，并负责农产品的生产、加工、品控、仓储、营销和物流配送，例如，沱沱工社、我买网的自营部分即属于该模式。其显著特征是全产业链运营，农产品供应和品质保障程度最高，能够更快响应消费者需求。但是，该模式资产最重，企业除了要自建电商平台外，还要建立生产加工基地和物流体系，导致企业要承担全产业链各环节的成本和风险。

5. 电商扶贫模式

由政府部门提供生产端的政策扶持，电商平台联合村委会或合作社，以"订单农业＋保护价"方式销售贫困户农产品，电商平台或其合作商承担农产品的生产管理、收购、品控、仓储、营销和物流配送。"京东跑步鸡"项目是该模式的典型代表，整合了多方力量，解决了贫困地区农产品销售问题，在所有模式中公益属性最强。

这五种平台电商运营模式各有优缺点，如表 1-1 所示。

表 1-1 国内各类电商发展模式比较

模式		主要特征
平台 + 自营		优点：农产品供应数量和品质保障程度高，弥补了我国农产品电商发展的短板，且整体运营效率高
		缺点：重资产，扩张受限，短期很难盈利，资金压力大
平台＋商家店铺	地方特产馆（当地政府委托第三方运营，其为农产品质量品牌提供相应的保证）	优点：开发程度高，有利于地方农产品快速迈入电商时代，交易规模最大、品种最全
	地方产地仓（整合了公共检测平台、区域品牌等政府资源）	缺点：监管难度大，易出现假冒伪劣等机会主义行为
平台 + 品牌营销驱动		优点：产品定制化，营销效率高，购物体验较好
		缺点：对上下游供应商的监管难以完全到位
全产业链运营		优点：产业链整合能力最强，产品供应和品质保障程度最高
		缺点：重资产运作，同时承担全产业链各环节的成本和风险
电商扶贫		优点：整合政府、企业、合作社、农户等多方力量，公益性最强、政府作用大
		缺点：电商企业承担了过多社会责任，政府支持和项目盈利前景均缺乏可持续性

（二）农产品电子商务按运营模式分类

1.B2C 模式

B2C 模式为当前农产品电商的主流模式，按平台属性不同又可分为泛电商平台、垂直农产品电商平台，其运营框架如图 1-1 所示。

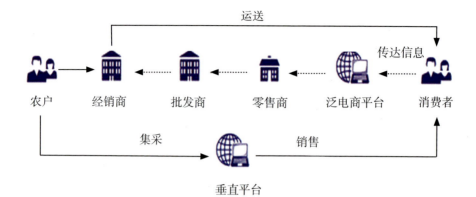

图 1-1　B2C 模式

　　泛电商平台为农产品经销商、批发商、零售商提供线上销售渠道，代表企业如天猫喵鲜生、京东到家等。

　　天猫喵鲜生：天猫喵鲜生区别于其生鲜专区，以国外进口业务为主，深入全球原产地采购生鲜，以统一入仓、统一配送的方式，方便客户购买。物流方面，喵鲜生与菜鸟驿站合作，通过菜鸟"最后一公里"配送运力将商品送至客户手中。如图 1-2 所示。

图 1-2　天猫喵鲜生

京东到家：京东到家是京东旗下的 O2O 超市生鲜平台，通过与线下商超、零售店和便利店等多种业态的深度合作，为消费者提供超市便利、新鲜果蔬、零食烘焙、鲜花服务、医药健康等多种商品的上门服务。如图 1-3 所示。

图 1-3　京东到家

垂直农产品电商平台通过直接集采，将农产品货物售卖给消费者，代表企业如中粮我买网、本来生活网等。

中粮我买网：中粮我买网是中粮集团于 2009 年创办的食品类 B2C 电商平台，依托中粮集团全球供应链优势，将自有品牌、海外直采、生鲜商品等产品通过线上渠道进行销售。2017 年中粮集团整合国外多家公司，将国内农产品销向海外，打造产销一体化。

本来生活网：本来生活网成立于 2012 年，以优质食品为主构建生态链。本来生活网率先将"买手制"引入生鲜领域，通过买手从全球集采优质食材。物流方面，本来生活网自建冷链运输、仓储网络，实现基地直送。

2.B2B 模式

B2B 农产品电商模式的客户一般为中小经销商或零售商。商家从批发市场或农户集采后，再分别销售给经销商、批发商或零售商，代表企业如美菜网、一亩田、惠农网等。其运营框架如图1-4所示。

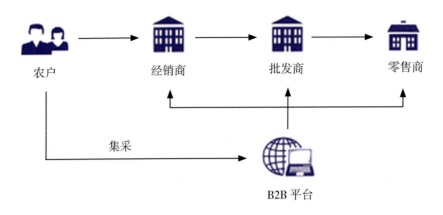

图1-4　B2B模式

（1）美菜网　美菜网成立于2014年，专注为国内餐厅提供全品类、全程无忧的餐饮食材采购服务。美菜瞄准贫困地区，打造农产品流通体系，通过产地直采将其农产品推至各个中小型餐饮商户。

（2）一亩田　一亩田成立于2011年，为农户、农产品经销商、零售商等农产品经营主体提供交易撮合和供应链服务。除了收取撮合交易的服务费，一亩田还通过集采的模式将货物销售给经销商以及零售商，从而获得采购批发差价利润。

（3）惠农网　惠农网成立于2013年，以线上撮合为主，为农户提供供销渠道。惠农网还为农户提供果蔬种植、水产养殖、农资供应等服务。

3.农场直供模式

农场直供模式一般为农户或工厂直接将农产品通过平台卖给客户，客户可以以最透明的价格买到货物。其运营框架如图1-5所示。代表企业：沱沱工社。2008年，食品安全事件频发，沱沱工社应运而生。将农户、工厂以及自建有机农场的农产品通过平台以最透明的价格销售给客户，盈利来源是产品的销售利润。

图 1-5 农场直供模式

4.消费者定制模式

消费者定制模式即农户根据消费者、自营平台或工厂的需求进行农产品的生产，通过直发的方式配送给客户。其运营框架如图 1-6 所示。代表企业：多利农庄。多利农庄成立于 2005 年，在北京、上海、成都等地销售蔬菜，根据会员企业以及家庭需求进行农产品供应，盈利以赚取零售差价以及收取会员服务费为主。

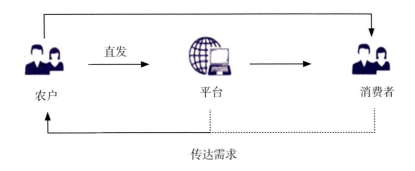

图 1-6 消费者定制模式

二、国外农产品电商主要模式

1.“平台＋自营＋配送第三方商品”模式

亚马逊生鲜是该模式的典型代表。即以自营农产品为主，本地食品店或餐馆等第三方商品也能通过亚马逊生鲜进行配送。亚马逊生鲜自营冷链物流成本高，但扩张稳健，既避免了资金压力过大，也能更从容地完善经营模式，确保生鲜农产品品质。

2."平台＋农场＋产销互动"模式

Local Harvest 是该模式的典型代表。其最大的特色是形成了生产者与消费者互动模式，即消费者可以通过 Local Harvest 网站上的地图检索系统获取本地农场农产品信息并进行选购，农场可以在 Local Harvest 网站上发布实地考察、学农和节庆等农场活动信息，让有兴趣的消费者参与到农业实践中来。

3."平台＋农场＋社区团购"模式

"平台＋农场＋社区团购"模式即通过社区带头人收集居民农产品需求，本地或周边农场再根据社区订单进行生产配送。

4."全产业链运营＋利益共同体"模式

大地宅配是该模式的典型代表。公司由农户、员工和部分消费者共同出资成立，与农户签订收购协议，一起研究和解决技术问题，消费者可以与自己指定的农户进行签约，成为签约会员。

三、模式比较与启示

1.政府应作用于市场失灵环节

国内外农产品电商发展的成功经验表明，政府需要营造良好环境，解决农产品标准化、质量安全等市场失灵问题。农产品电商的不同发展阶段，市场失灵的表现也不同，政府应该根据不同阶段的发展需要，适时调整政策支持的重点。

2.政府应避免过度介入具体发展模式

发达国家政府很少介入农产品电商的具体经营环节，农产品电商发展的不确定性,也决定了政府只有充分调动市场主体的积极性,才能通过竞争选出最佳发展模式,这就要求政府在农产品电商发展的过程中真正做到"有所为,有所不为"。

3.农产品电商发展需要政府与大型电商平台协作推动

涉农电商平台企业为了维护自身品牌价值和担负的社会责任,有动力促进农业现代化、维护农产品质量安全,这与政府目标责任一致。政府和电商平台企业可发挥各自优势,在农产品标准制定、区域公用品牌打造、数据共享、扶贫开发、人员培训等领域开展深度合作。

我国农产品 B2B 交易平台模式

近年来我国农产品 B2B 交易得到了迅速发展,出现了以网库、一亩田、美菜网、供销 e 家、社员网等为代表的农产品 B2B 交易平台模式。

1.网库

网库 1999 年成立,是一家建设不同的单品电商的服务性电商平台(图 1-7),属于 B2B 模式,网库平台有 1 900 万家注册中小企业会员,有 200 万家认证会员,其中活跃会员 30 万家。构建了服务中小微企业的生态系统,为县域打造特色农产品电商平台,如中国燕麦网、中国苹果网、中国大米网、中国黄花菜网、中国天麻产业网等垂直性的电商平台。2018 年成为产业互联网平台模式先锋,在全国具有较大的影响,也具有较好的县域农产品电商助农的效果。

截至 2019 年 3 月,网库在全国 281 个县域建设了 319 个特色产业的垂直平台和落地运营服务中心，共整合了 662 家第三方服务机构共同通过各产业网平台服务了 20 多万家中小企业。2018 年累计通过产业电商实现近 1 500 亿元的企业间增量交易，其中农产品及农副产品交易占 60%。

图 1-7　网库平台主页

网库的发展目标：在 600 个县域建设产业带基地，推动 600 个县域打造区域品牌、开展产业招商，其中 60 个产业总部基地；利用 600 个基地，打造 6 000 个单品产业网平台，推动 6 000 款各单品领域的优秀单品成为主导品牌；利用 6 000 个单品产业网平台，推动 60 万款单品利用单品通获得单品的在线供应链价值和定制批发价值。

2. 一亩田

一亩田成立于 2011 年，是一家深耕农产品产地的移动互联网公司，着眼于农产品的原货市场，打造了全国领先的农产品 B2B 诚信交易平台。2018 年一亩田采用 "APP+B2B" 移动网络模式，拥有 1 100 万用户，其中专业采购商 300 余万个。深入到 2 800 多个县，其中 824 个贫困县。对接 1.2 万种农产品，4.2 万个信息采集点实时发布信息。

（1）B2B 的买家和卖家的无缝对接　一亩田立足于产地，采取 B2B 电商业态，促进了商家之间、公司之间、机构之间的农产品交易。其所形成的业务规模效应，有助于实现对农产品流通过程中的各个环节和分散的市场资源的整合。

（2）充分利用移动 APP 网络技术提升交易效率　每天从价格采集点高频次发布行情信息，行情覆盖蔬菜、水果的主要品类。具有订单发布、抢单报价、信息展示、在线商谈、智能排名、精准匹配等一系列以大数据为核心的买卖撮合服务功能。提供电子订单、资金结算、信誉评价、纠纷处理等环节的服务，全程支持买家和卖家交易。提供物流、农用物资、农业技术等周边服务。如图 1-8 所示。

图 1-8　一亩田

（3）促进县域农业产业化发展　在电商助力农业产业化发展方面，B2B 能更好地促进产地的规模化，提升市场竞争力。依托专业化用户、全国性平台，整合线上线下资源，助力各地打造农产品区域公共品牌，提升农产品品质，做中国农业产业升级的推动者。建立优良市场环境，发挥传播新型农业经营主体的带动作用。主要集中在五个方面：市场竞争力、农产品上行、品牌建设、市场推广、培训。

3. 美菜网

美菜网成立于2014年6月，隶属北京云杉世界信息技术有限公司，是一家食材B2B自营电商——生鲜移动电商平台（图1-9），致力于帮助全国近千万家餐厅做采购，缩短农产品流通环节，降低商户供应链成本，减少供应链人力。旨在打通流通环节，以流通串联生产者和渠道，降低损耗，提高效率。自2014年以来获得多轮融资，2018年1月再次获得融资，融资4.5亿美元，累计融资超过8亿美元。2017年美菜网的业务覆盖全国近50个城市，2017年果蔬产品销售超过4亿千克，农产品销售超过100亿元。2018年年底，果蔬销售量是9亿千克，收入220亿元。平台每天销售鸡蛋1 500万枚（北

图1-9　美菜网

京鸡蛋销售四分之一来自美菜网），土豆一天销售 50 万千克，大米一天 100 万千克。

4. 供销 e 家

电子商务业务也成为供销合作社系统经济平稳增长、高质量发展的新引擎。2018 年供销合作社系统实现销售总额 5.9 万亿元、利润 468 亿元，同比增长 8.7% 和 6%。供销合作社系统实现电子商务销售额 2 998 亿元，同比增长 28.5%。全系统电子商务企业有 1 571 家，开展电子商务业务的企业 3 354 家，电商对系统销售增长的贡献率为 14.1%。

供销合作社系统通过拓展农产品线上销售，整合线下物流资源，打造县、乡、村三级电商服务和物流配送体系，初步形成了具有供销社特色的全国农产品电商"一张网"。"供销 e 家"全国电商平台入驻商户 1.5 万家，带动 300 个县上线销售特色农产品，建设 300 多个县域电商运营和仓储配送中心，改建 3 万多家乡村电商服务站，实现线上农产品年销售额 58 亿元。

5. 社员网

社员网隶属中华全国供销合作总社、中国供销集团，是中国供销集团 2010 年成立的二级子公司。2015 年，社员网经集团批准重组后转型为供销系统唯一混合所有制的专业 B2B 农业互联网公司，混改后实现市场业务和社会效益双增长。

社员网定位于"成为引领中国农业升级的百年龙头企业"，使命是"让天下没有难卖的农产品"，主动契合国家"乡村振兴战略"要求，致力于中国农产品供应链基础设施的重塑和改造。社员网（图 1-10）以"大宗农产品交易"为核心服务，扎根地头、供应城市，以销定产、倒逼生产，线上订单、线下运营，建立全国性农产品网上批发市场；并且打通销售、加工到生产的整个农工贸、产加销一体化环节，增加农民就业（生活富裕）、加快产业发展（产业兴旺），促进一二三产业的融合，通过"三步走"战略（大宗农产品上行—产地标准化运营—现代农业产业园）实现订单农业，推动县域农业现代化。

社员网注册地在北京市西城区，注册资金2000万元，大量市场推广人员在全国中大城市开发全国大型批发市场、连锁商超和品牌店，已经建立起包括900多家一级批发市场、近4万个批发商、上百家连锁商超和品牌店的采购商渠道体系；项目和执行板块的数百名核心骨干长年驻扎在陕西、海南、湖北、云南、贵州、内蒙古、广东、河南、天津等14个省（自治区、直辖市）30多个县域的子公司或办事处（每县驻5~15人），全国精准产销对接水果、干果、中药材、杂粮杂豆等产品，品种超1000个。

图1-10　社员网农产品供应链系统

这种服务模式的最大特色是把大量农民的农产品用大卡车大量交易到全国市场，社员网已经实现上行价值近40亿元的农产品（基于批发市场端价格），一个县年均交易额从5000万元到3亿元不等，解决了大量县域政府最头疼的农产品销售难的问题；通过大宗农产品上行大量调动农民积极性，让农产品变成实实在在的真金白银。同时，社员网会为各大县域提供整套农业互联网解决方案——新农产品供应链体系，其中包括大宗农产品上行、产地标准化服务、现代农业产业园三大主要业务和电商示范县建设、本地人才培养、农业大数据、品牌打造、农资下行，把全国渠道固化在一个县域打造销售体系。

6. 乐村淘

乐村淘采取 B2B2C 模式，截至 2018 年 10 月底，业务已经覆盖全国 25 省，接近 1 000 个县和 10 万个村。在此基础上，乐村淘继续将乐六集和特色馆作为工业品下行和农产品互行的两个基础规模业务，提升 UI 的界面友好和订单运行的流畅体验，从农民消费群体特征入手，将村级体验店合伙人的"五懂"（懂县情、懂村情、懂民情、懂商情、懂农情）优势发挥出来，继续在解决"买难"和"卖难"问题中不断创新。

乐村淘平台突出"县域优品、规模互行、南北流通、买农惠农"的十六字经验。2018 年已经累计上线特色馆县域精品主推活动逾 30 场，2018 年度农产品上行规模同比保持平稳增长，并且在行业当中继续引领"农产品上行结构占比最高"的地位，目前年累计上行占比仍然超过 19%。

7. 宋小菜

宋小菜的模式是反向供应链，简单说就是从下游城市里的批发市场收集订单汇集到上游，由供应商根据需求安排生产。这几年来，宋小菜把生产端和最终的消费端更好地连接起来，真正形成了一个开放的平台，变成食材供应链的管理公司。

第一是做了一个蔬菜的标准商品数据库，从自然属性、商品属性和服务属性三个维度，把蔬菜从产品变成商品，这样，上下游对于订单中的商品究竟是什么，有了一个统一的认知。

第二是采用APP预售形式，下游客户下订单时已是全额付款、锁定订单，有了足够的量，才能撬动上游的生产组织者进行按需生产。这也就是行业里通常所说的"吨位决定地位"。

有了集单、集采后，就可以实现从上游产地到下游销地的集送。这时候送的不是初级农产品，而是经过分级、加工的商品。流通环节的链条被缩短、加粗，效率大大提升。宋小菜在流通环节的损耗率，2018年做到了0.2%。现在宋小菜在山东和河南等供应商集聚地改造、运营了100多个冷库。

2018年宋小菜的销售量超过了30万吨，有3万个用户，1万个供应商，成为全国蔬菜垂直领域销售规模最大的B2B交易平台。

8. 中农网

自2000年起，中农易讯开始建立综合型技术研究与服务平台，并逐渐涉足生鲜、板材、白糖、茧丝、冷链等多个领域，建立起了多产业、多维度的供应链网络；2010年中农网成立，依托多年的资源累积，中农网在2010年便获得了农产品A轮融资1.2亿元，此后B轮、C轮融资也顺风顺水；2017年6月，卓尔智联入主中农网，为其后续发展带来强大助力。中农网已服务B2B企业10 760家，服务新批发商户70 124家，同时服务B2C客户471 182个；2018年中农网全年GMV（成交金额）突破887亿元。

中农网基于"产业互联网＋供应链金融"，打穿农产品单品垂直领域的深耕细作和价值重构，开辟了一条产融共建之路。以农产品单品撮合平台为起点，中农网借力"区块链+AI+大数据"，向多品类大宗农产品产业互联平台不断演变。

2019年1月，以中农网为核心组建的大宗农产品区块链联盟正式启动，联盟整合了各企业在行业中的资源和优势，是中农网的区块链技术在农业领域中的创新应用。

9.农产品集购网

农产品集购网是布瑞克农信集团旗下的大宗农产品现货交易B2B垂直电商平台，以变革大宗农产品流通贸易模式、助力农业转型升级为愿景。针对大宗农产品交易当中的供需两难、储运成本过高以及交易风险高的痛点,农产品集购网提供了一站式的解决方案。

目前平台采购注册用户已超过4万余家，长期有采购行为的大型农贸商数量达1万余家。迅猛的发展势头令农产品集购网在短短几年内已发展成大宗农产品电子商务及第四方物流服务两大领域的标杆企业。农产品集购网电商平台自营销售额2015年10亿元、2016年40亿元，由于企业进行经营战略调整，聚焦利润增长业务领域、精简规模，2017年自营销售额为26亿元，实现利润增长过千万元。截至2018年9月，农产品集购网GMV突破300亿元。

10.其他B2B网络平台

其他B2B网络平台还有有菜、链菜、优配良品、海上鲜、良田、鲜易网、比菜价、果酷、好鲜生、玉米通、丰收侠、良田谷事、惠农网、菜库、分分钟等。

农产品电商由B2B交易类和网络零售类构成，其中网络零售所占比例只有20%左右，但是农产品网络零售的模式多、社会影响大、具有广泛性和敏感性。农产品网络零售模式多种多样（表1-2）。2018年农产品网络零售采取多种模式和多种网络购物节的方式来实现。

表 1-2　农产品网络零售模式

模式	主要内容	模式	主要内容
B2C	农产品网站对消费者	C2F	订单农业
C2B	集合竞价定购模式	B2M	农产品企业根据客户需求建立网站
B2B2C	农产品产业链模式	M2C	农产品加工企业对消费者
C2C	农户对消费者	BMC	企业 + 中介平台（网络）+ 终端客户的模式
B2F/F2C	生产者（农户）对家庭	SOLOMO	农产品社交化模式
ABC	代理商 – 商家 – 消费者	CSA	社区支持农业
娱乐竞拍	农产品秒杀	P2C	生活服务平台
P2P	点对点、渠道对渠道、人对人、贸易伙伴对贸易伙伴	SNS-EC	农产品社交电商
B2S	分享式、体验式电商（俗称众筹）	跨境零售	跨境电商：海代、海淘、海批（批发）
O2O	线上线下相融合		

第三节　农产品电子商务发展的必然性

电子商务在城市的快速发展和不断深耕，使电子商务的市场份额和交易规模在不断壮大的同时，其发展速度也进入瓶颈。而随着农村市场环境的不断变好，电子商务开始转向农村，且发展基础非常充分。

一、上网农民日渐增多

截至 2018 年 12 月，中国网民规模达 8.29 亿人，全年新增网民 5 653 万人，互联网普及率为 59.6%，手机网民规模达 8.17 亿人，523 万多家网站，网页数量为 2 816 亿个。从这些数据可以看出，网络已经深度融入经济社会发展、融入人们的生活。2018 年我国网络零售市场规模持续扩大。全国网上零售额突破 9 万亿元，其中实物商品网上零售额 70 198 亿元，同比增长 25.4%，占社会消费品零售总额的比重为 18.4%。如图 1-11 所示。

图 1-11　2008~2018 年我国网络零售交易额

二、"万村千乡市场工程"使农村网点密布

2005 年 2 月起，"万村千乡市场工程"由商务部启动，已有十多年历史，成效明显。从全国范围来看，各省区市都在通过连锁、加盟、直营等不同经营方式，改善农产品流通网络，让农产品惠及千家万户。电子商务成为脱贫攻坚的重要手段，由商务部电子商务和信息化司指导，18 家单位成立的中国电商扶贫联盟，帮扶对象覆盖 351 个贫困县，推动企业为贫困地区农产品开展"三品一标"认证，提升品牌化、标准化水平，促进农产品上行取得新进展。2019 年 5 月 29 日，由农业农村部信息中心和北京字节跳动科技有限公司联合

开展的"110"网络扶贫创新活动在怒江傈僳族自治州启动。该活动计划帮助贫困地区 10 个核心示范县、100 个辐射带动县，宣传打造县域农业品牌，助推县域农业农村经济发展。

三、数字乡村建设催生数字农产品电商

2019 年 5 月，中共中央办公厅、国务院办公厅颁发《数字乡村发展战略纲要》（以下简称《纲要》），提出了数字乡村建设的 2020 年、2025 年、2035 年、本世纪中叶四个阶段的发展目标，催生了中国数字农产品电商新时代的到来。《纲要》提出了 10 个方面的重点任务：

1. 加快乡村信息基础设施建设

大幅提升乡村网络设施水平，完善信息终端和服务供给，加快乡村基础设施数字化转型。

2. 发展农村数字经济

夯实数字农业基础，推进农业数字化转型，创新农村流通服务体系，积极发展乡村新业态。

3. 强化农业农村科技创新供给

推动农业装备智能化，优化农业科技信息服务。

4. 建设智慧绿色乡村

推广农业绿色生产方式，提升乡村生态保护信息化水平，倡导乡村绿色生活方式。

5. 繁荣发展乡村网络文化

加强农村网络文化阵地建设，加强乡村网络文化引导。

6. 推进乡村治理能力现代化

推动"互联网＋党建"，提升乡村治理能力。

7. 深化信息惠民服务

深入推动乡村教育信息化，完善民生保障信息服务。

8. 激发乡村振兴内生动力

支持新型农业经营主体和服务主体发展，大力培育新型职业农民，激活农村要素资源。

9. 推动网络扶贫向纵深发展

助力打赢脱贫攻坚战，巩固和提升网络扶贫成效。

10. 统筹推动城乡信息化融合发展

统筹发展数字乡村与智慧城市，分类推进数字乡村建设，加强信息资源整合共享与利用。

四、基础建设进展巨大

中国进入高铁、高速公路网时代，高铁、高速、民航连接的县、乡（镇）、村越来越多。近 10 年中国港口物流、快递物流、冷链物流、应急物流设施及技术迅速发展，全国各地出现许多亿元级投资的冷链设施。通信基础建设成就巨大，农村信息化水平大幅提升。

五、各级政府的重视与政策支持

中央政府自 2008 年以来就特别重视发展农村商贸流通、开拓农村市场，对农产品专业市场、农产品物流、农村电子商务的发展等建设出台了一系列文件，商务部 2012 年《关于加快推进鲜活农产品流通创新指导意见》就要求"引导鲜活农产品经销商转变交易习惯，鼓励利用互联网、物联网等现代信息技术，发展线上线下相结合的鲜活农产品网上批发和网上零售，发挥网上交易少环节、低成本、高效率的优势，激发传统农产品流通企业创新转型，形成以农批对接为主体、农超对接为方向、直销直供为补充、网上交易为探索的多种产销衔接的流通格局"。特别是近年来国务院对"互联网+"的创业创新高度重视、全力支持。从 2014 年开始，国家的政策大力度倾向县域和农村电商市场，政策力度很大，方向非常明确。2015 年 10 月 14 日国务院常务会议部署加快农村电商发展，分别就扩大电商在农业农村中的应用、改善农村电商发展环境、营造良好网络消费环境、加大农村电商政策等出台了具体措施。2015 年 11 月，国务院办公厅印发《关于促进农村电子商务加快发展的指导意见》，全面部署指导农村电子商务健康快速发展。国务院安排资金支持农村信息基础设施建设，全力扶持农村电商人才、服务、物流的发展。从最开始 56 个示范县，到 2016 年 200 多个示范县，全国先后启动了三批农村电商示范县的政策支持，并安排专项资金予以支持，电商示范县达到了 300 多个。

六、新农村建设及特色农业的发展

近 10 年来新农村建设推进了乡村面貌极大改变，为电商下乡提供了较好环境；现代农业、特色农业与农产品生产大发展为电商提供了流通客体。几乎所有农村电商先进县无一不是农副土特产及深加工产品著名县，如浙江义乌、江西玉山等，近几年各省供销社纷纷在淘宝网开设特色馆推销各省市区有特色的农副土特产品、农产品加工品及手工艺产品，2013 年 1 月 8 日，淘宝网全国首个县级馆"特色中国——遂昌馆"开馆，其后，其他产品特色鲜明的县也仿效在淘宝网上开设县级特色馆。以湖南为例，安化黑茶、炎陵黄桃、江水香柚、桃江竹器等相继成为网络热销商品。2019 年 1 月 29 日，商务部等 10 部门颁发《多渠道拓宽贫困地区农产品营销渠道实施方案》，提出多渠道拓宽农产品营销渠道，动员引导社会各方力量加强农产品产销对接，帮助具备条件的 832 个贫困县和 12.8 万个贫困村销售农产品，推动建立长期稳定的产销关系，促进贫困地区产业发展，助力脱贫攻坚和乡村振兴。

七、经济新常态下国内市场竞争的深化

城市电商网上网下已进入红海竞争，城市电商主动下乡，实施蓝海战略，争夺农村市场。如京东和阿里两家电商，正在向 7 亿人规模的三线到六线城市和农村发力。阿里巴巴投入 100 亿元发力农村电商实施"千县万村"工程，即建立 1 000 个县级运营中心和 10 万个农村服务站。2014 年 12 月 18 日，阿里巴巴公司农村网点"清远试点"揭牌。苏宁云商随即公布，在 5 年内建设 1 万家苏宁易购服务站，覆盖全国 1/4 的乡镇。除了阿里巴巴、苏宁易购、京东等几大电商巨头在挖掘农村市场外，一些创业公司也以农村代购点为切入点建设了电商平台。总之，众多龙头流通企业下乡争夺农村市场份额的竞争促进了农村电商的发展。

第四节　我国农产品电商存在的主要问题及对策

一、我国农产品电商存在的主要问题

（一）组织化程度低、产业规模小

我国广大农村地区的农民生产组织化程度低，仍以单一农户经营为主，农产品要么缺乏特色，要么有特色没规模，要么有规模没价值，要么有价值没品牌，很难形成网上可销售的商品。不少地方

特色农产品出自家庭作坊式生产或个体加工，受限于场地、人员、设备等条件，很难达到申请生产许可证的要求，导致地方特色农产品无法在电子商务平台上"合规"销售。

（二）农产品标准化程度低

农产品电商发展的一大"痛点"，是传统的小规模农户所具备的生产技术和经营意识与现代化零售业的产品标准化之间的矛盾。目前我国农产品标准化程度很低，广大农民仍采用传统的生产方式，无法适应和满足现代电子商务的采购、销售标准，农产品的规格化、标准化、包装化亟待提高。正如有些运营商所言：农业处于19世纪，电商处于21世纪，二者很难牵手。

（三）农产品质量安全认证度低

在农产品质量安全认证体系建设上，我国农产品质量安全认证没有完全纳入法律范畴，无公害农产品等认证没有从法律的角度给予明确和肯定。由于农产品质量安全认证在我国还属于新生事物，农产品质量安全认证的总体规模较小，加上宣传推广力度不够，导致企业和消费者对其认知程度不高。

（四）冷链物流设施不足、物流配送存在障碍

农产品全程冷链投入大，冷链物流设施普遍不足，同时缺乏为中小电商企业和农户提供标准化冷链物流的公共服务平台，导致生鲜农产品网销困难。不少生鲜农产品的产地预冷不足，运到大中城市预冷成本高、浪费大。同时，出于对于数据安全和市场竞争的考虑，目前从事农村物流配送的企业、机构之间配送信息共享程度不高，物流单据数据没有打通，"满车来空车去"式的单向物流较多。

（五）电商人才缺乏、队伍不稳定

农村电商运营人才、专业运营商、稳定的村级站点负责人缺乏。

同时,电商培训多为普及式,设计、包装等专业化培训少,培训层次浅。部分地方政府委托企业或培训机构开展培训,只是为了完成培训任务,真正的培训效果并不理想。

二、推进我国农产品电商发展的对策

当前,在脱贫攻坚大背景下,如何借助农产品电子商务产业促进区域经济发展,将传统农产品的种植养殖产业优势转化为脱贫攻坚的新动力,成为一个亟待解决的问题。为能有效破解农产品电子商务发展困境,应着力从以下几方面入手,全面推进农产品电子商务的高质量发展。

(一)调整和落实农产品电商发展政策

建立促进农产品电子商务发展的行政推进体系,依据区域农村电子商务发展总体规划,建立健全市、县(区)、乡(镇)各级农村电子商务发展的领导和工作机构,由其具体负责区域农产品电子商务发展的政策制定、协调引导、工作推进和检查考核等工作。调整完善结构,优化政策工具,在供给侧和环境方面政策工具应用较为成熟的情况下,强化需求侧工具的应用,扩大附着群体的规模和发挥其应有的作用。加大政策扶持和引导力度,积极落实农产品电子商务发展的各项优惠政策和措施,调动从业者的积极性,通过建立良好的市场创业环境、提供良好的配套政策来引导更多的农户和企业参与到农产品电子商务活动中。

(二)推进农产品电商基础设施建设和新一代信息技术应用

加快农村地区互联网基础设施建设,对于农产品产量较大且有上网销售需求的地区,由政府补贴,提升带宽、增设服务器等,建成适于电子商务交易的网络平台。改变重生产、轻运输的传统观念,加大对农产品田头预处理设施、保鲜基地、冷链运输、批发市场、冷库等项目建设的财政性资金补贴力度，加快产销两地冷库、冷链批发市场等冷链设施建设和销地便利店等营销网络建设。同时，大力推进以物联网、云计算、大数据以及移动智能终端为主要代表的新一代信息技术在农产品电商中的应用。用物联网技术改造信息流、物流、资金流，提升供应链的效率，减少库存，提高资金周转率；通过云计算技术，提升电商平台企业的资源利用效率、减少运营投资，从而大幅度降低运营成本；利用大数据技术，为电商平台的综合决策奠定基础；利用智能终端技术深化解决电商平台的电子支付问题，推动整个信息消费市场的快速发展。

（三）有序推进第三方电商服务的发展

加快推进农村县、乡、村三级电子商务服务体系建设，充分发挥县级电子商务服务中心和乡镇电子商务服务站的职能作用。抓好村一级网店开发与建设，并依托开办的网店建设村级电子商务服务点，帮助指导农户和企业开办网店。同时，重点培育一批具有典型示范带动作用的农村电子商务示范乡、示范村、示范企业和优秀网店等，在加快推进站点建设的同时更加注重提高站点运营质量，理顺县、乡、村三级电子商务服务体系运营机制。督促县区商务部门结合本地实际制定切实可行的电子商务服务站点经营制度，协调各相关部门办理各项经营手续，监督管理日常运营情况。进一步完善拓展服务功能，引入专业第三方电子商务服务企业参与三级电子商务服务中心、站、点的建设，提升服务水平和服务实效，有效解决农村第三方电子商务服务不健全的问题。加快电子商务园区建设，将电子商务创业孵化园作为区域电子商务产业聚集、创业孵化基地，按照高标准建设、全方位服务的原则，建成具有产品展示、电子商务运营服务、电子商务企业孵化、电子商务培训、仓储物流服务、金融信贷服务等功能的电子商务产业园区，推动区域农产品电子商务的发展。完善农村物流快递配送体系，围绕农产品进城和农村电子商务综合服务的需求，通过物流补贴、减免税费等优惠措施整合现有资源，加快推进乡镇一级和村一级物流服务门店和快递服务点建设；多途径、多类型发展农村物流快递服务业，建立完善的物流体系，提高农产品快递配送效率。

（四）加强农产品标准化和农产品质量认证

强化农产品质量标准化体系和品牌建设，建立农产品质量标准、质量认证和质量溯源等三位一体的农产品质量标准化体系。一方面，鼓励政府联合大型电商平台企业共同推进农业标准化进程，各级政府要积极与大型电商平台企业开展合作，优先突破农产品标准化。建议农业农村部、商务部和国家标准化管理委员会建立和完善农产品电子商务标准体系，率先从线上销售占比高的农产品开始，研究实施财政资金支持的"农产品标准化"项目。另一方面，各级政府要加大资金投入，对生产农产品的农户实行严格的户籍编码制度，一户一码，不管每户生产何种农产品，都使用统一配发的、每户唯一的编码。每批产品上市，除加贴编码外，还应加贴本批产品采收日期，同一采收日期的产品，为同一个批次。对经检验部门检验的，还应附带产品检验合格证书。一是一旦发现质量问题，便于该批次产品的召回而不影响其他批次产品；二是可以根据编码溯源找到生产者，有利于责任追究。

（五）明确主打产品，创新营销模式

积极开展特色农产品提质增效活动，各县（区）按照"一县一业""一村一品"的原则，因地制宜确定特色主业和主打农产品，引导支持具备资源条件的乡镇至少培育一家特色农产品生产、加工、包装和销售的龙头企业，在有条件的县建立"一村一品"示范村。创新农产品营销模式，对于大宗农产品交易走从线下转移到线上的发展道路，由第三方支付提供交易担保，运用电子商务营销手段进行产品宣传。着力解决同质化产品的激烈竞争问题，可以将分散网店模式统一转化为"一村一店""一镇一店"模式，通过聚集优势，减少同质竞争。发展批发代理模式，即由专门的批发商统一收储、加工、包装农产品，然后批发给农户进行销售。发展定制消费，很多本地人日常消费的农产品主要是从超市购买外地生产的一些产品，而本地产的优质特色农产品却被消费者忽视了；通过扩大本地消费带动本地农产品的销售，在居民小区和企事业单位推广本地产农产品定制消费，提供定制购买，由本地物流企业送达，从而扩大本地特色农产品的本地购买和消费能力。在超市设立贫困乡村扶贫农产品销售专柜，通过扶贫专柜销售农产品，增加农民收入，同时带动本地产品的消费能力。

（六）着力推动示范点建设，有效发挥引领示范作用

以创建电子商务示范县为契机，重点推进电子商务进农村综合示范项目建设，加快已有国家级、省级电子商务示范县建设步伐。积极与阿里、京东等国内知名电商平台企业联系对接，加快本区域农产品电子商务物流园区、农产品电子商务产业园区项目的筹备与建设。培育和发展本地特色农产品生产、加工、包装和销售龙头企业，在基础设施和生产基地建设、货源采购、人员培训和资金扶持方面给予大力支持，使企业能够快速成长；依托农产品电子商务示范企业和示范网店，辐射带动更多农产品加工经营主体和农户采纳实施电子商务，有效发挥示范引领作用。同时，按照精准扶贫的总

体要求，科学谋划、找准切入点，深入开展农村电子商务扶贫工作。发挥政府政策引导和龙头企业引领带动的作用，进一步完善乡镇、村级电子商务服务站、点的布局和建设及其服务能力的提升。健全区域农产品电子商务发展所需的服务、配套支撑和政策保障体系，打造一批具有较强带动力的农产品电子商务从业主体和网销品牌，树立一批优秀示范典型，促进各农产品电子商务从业主体理清发展思路，明确发展重点与发展路径，带动农产品电子商务的普及与发展。

（七）重视专业人才培养，壮大电商从业者规模，引进高层次人才

各个地方普遍反映从事农产品电子商务的专业人才缺乏，尤其是高层次人才更为缺乏。因此，地方政府部门应该制定培养专业人才和引进高层次电子商务人才的制度和措施。例如，分层次开展电子商务培训，提高农产品电子商务实际从业人员的基本技能；提高农产品电子商务管理者、服务者的专业能力；对在校学生进行就业前培训，普及电子商务知识，增加农产品电子商务发展的人才储备。在通过多层次电子商务培训技术型和商务型人才的同时，出台优惠政策吸引高层次人才的加盟和回流，从发达地区引进具有丰富电子商务管理和运营经验的职业经理人，促进和引领区域农产品电子商务的发展。同时，加大农产品电子商务创业资金的财政扶持力度，完善农产品网络供货体系，营造有利于农产品电子商务发展的创业环境。引导和帮助农产品加工企业、农户家庭式小微企业转换经营思路，积极利用电子商务拓宽销售渠道。鼓励和支持农村致富带头人、返乡大学生、退伍军人等创业群体积极开展电子商务创业，着力发展一批电子商务实施主体和不断壮大电子商务从业者队伍。

（八）积极做好农产品电商宣传推广

制订农产品电子商务宣传推广工作方案，动员市直相关部门和县乡政府充分利用微博、微信公众号、抖音等新媒体，积极为地方特色农产品宣传造势。加强与报纸、电视、广播合作，积极利用网络渠道、媒体渠道和户外渠道，宣传推广地方优质特色农产品和电子商务发展政策，普及电子商务知识，广泛宣传典型经验和做法，营造农产品电子商务发展良好氛围，助力区域农产品电子商务的发展。

全球农产品网

全球农产品网（图1-12）是一家集农产品上下游产品及信息为一体的综合性服务平台，涵盖了粮食油料、水果蔬菜、畜牧水产、苗木花卉、茶叶药材、副食特产、饲料原料、粮机农资等多种品类与运输物流，更能高效率地服务用户，将农产品上下游的各类产品及信息真实呈现给客户。

图1-12　全球农产品网业务布局

在传统的农产品电商平台不能实现大宗农产品交易时，由（比如首页批发市场）信息平台通过聊聊导航，实地确认后直接交易。在确认交易后还有物流运输栏目为用户提供更快捷、精准的服务，解决交易后运输难的问题，如图1-13所示。

图1-13　全球农产品网主要界面

与同类型网站相比全球农产品平台更具如下优势：APP各个界面简单；信息种类齐全，分类清晰；收取会员费用较低；无中间商转接；无第三方收取交易手续费。

1. 全球农产品网：农产品流通的未来战略

B2B电子商务的崛起，预示着互联网时代对传统产业的冲击波已经到来。成功的事例证明，电子商务应用的深入，已经实现了"现实"与"虚拟"的链接，商务资源得到了良好整合，交易模式发生了革命性改变。新的技术为买卖双方打开了了解供求信息的直接通道，架设了进行顺畅交易的便捷桥梁。在农产品流通领域，全球农产品网顺应流通模式由传统向现代化、信息化发展的潮流，确定自己的目标是建立中国农产品网上交易市场，立志成为中国农产品流通领域最优秀的B2B电子商务服务企业。

B2B电子商务交易市场的成功，应当具备几个条件。第一，必须明确定位市场服务的客户群，深刻理解他们的切实需求，包括现实的需求和发展的需求。第二，准确找准业务的切入点和拓展点，把握传统流通过程中的关键环节，解决突出问题，不断为客户带来现实的价值。第三，建立安全、可靠、互动性强的网络技术平台和完备的交易服务体系，尽力做到技术和服务的更完美的结合，并以此树立良好的信誉和品牌。第四，尽快吸引更多的客户，包括采购商和供应商上平台交易，帮助企业间实现彼此紧密的合作和沟通，注重形成价值链的增值部分，营造集中化的市场空间，造成"磁场"效应。概括起来即明确目标、抓住重点、注重服务、迅速拓展。

农产品股份公司经过十多年的经营实践，已经形成了集农产品的生产、加工、包装、储运、保鲜、批发、拍卖、直销、配送、连锁零售及进出口贸易等多功能纵向一体化的营运体系，为全球农产品网的发展奠定了坚实的基础。根植于对行业特点的理解和长期从事传统流通的经验，专注于行业垂直细分和纵深发展，力争创造基于传统、实际和发展的有特色的B2B模式。垂直细分的含义包括两个层面：农产品流通行业专注和市场空间（地域、产品等）专注。好处是可以迅速建立局部的优势和影响力，每个小磁场聚集起来形成大磁场，形成旋涡，吸引越来越多的参与者。

全球农产品网业务拓展遵循这样的原则：以内拉外，由点到面，关联互动，体现价值，稳步推进。这样的原则符合农产品流通行业的实际、电子商务发展的规律。

在发展过程中，应重视以下几个方面的问题：

一是以改变交易方式为手段，引导企业重新整合资源和商务流程。现在，中国的农产品流通存在诸多问题。突出的是组织分散、手段落后、效率不高、产业集约化程度低。面临快速发展的商务环境，企业面对的竞争将不再是简单的产品和服务的竞争，而是商务模式的竞争。如何把握先机，创造未来，是企业面临的迫切问题。所以，全球农产品网给企业带来的，不应仅仅是交易手段的变化，重要的是引导企业整合资源和渠道。把电子商务当作系统工程，而不是一个系统的局部。加强供应链管理，使企业以电子商务为基石，对重新建立核心流程、树立品牌和加强商务伙伴的协同方面产生强大的作用。

二是积极务实，使企业不断获得新的价值。电子商务技术的应用对企业形成新的商务模式必将起到极其强力的推动作用。这种新的模式从未来的角度看，一定会给企业带来全新的价值。包括：观念的更新，管理的改进，信息的畅通，效率的提高，成本的降低，效益的增长，渠道的拓展，合作的协调，品牌的提升，标准的统一，服务的改善，直至企业综合竞争力更大的增强。这也是实施电子商务战略的目标所在。但是，必须清醒地认识到，这些价值的凸现并不能一蹴而就，一夜之间变为现实。相反，一定是以逐渐的和叠加的形式表现出来。所以，在电子商务推进的过程中，一定要根据不同企业各自的情况和特点，既注重共同的规律，又要把握特别的需求，逐步帮助企业获得新的价值。这样我们就能不断获得更大的发展空间。

三是稳定心态，策略得当，逐步形成盈利模式。B2B 电子商务运营公司，既然是企业，就必须盈利。也只有盈利，才能保证企业的生存和发展。在目前行业产业化程度相对较低、信息化滞后的背景下，必须跳出"急于求成，短期套现"的认识误区。稳定心态，积极制定务实的运营策略。从现代营销观看，必须致力于满足客户不同的和不断增长的需求，企业才能生存和发展。只有先给客户带来价值和成功，企业才能获得价值。企业的B2B要盈利，但不是短期的目标，而是发展的战略。盈利的目标依靠每一步运营策略的有效实施作为基石。

建造B2B的盈利模式，应注意以下几点：充分利用强大的行业背景，力求精通自己所在的垂直行业；迅速成长，占据主导，推动收益递增；建立"公开、公平、守信"的业务运作体系；突出产业价值链中的增值部分，有创新地建立集中化的交易机制。

2.全球农产品网电子商务的实践和发展方向

全球农产品网经过务实的探索，在构建农产品电子商务平台和开展交易业务的过程中，切实地解决了农产品流通的一系列实际问题。

基本解决了农产品标准化问题。农产品难以标准化一直是制约着农产品流通的瓶颈，传递正确的产品信息是成功流通的前提。全球农产品网按照采购者的习惯，将农产品及其加工品分成了10大类，每一大类分成两个二级分类，每个二级分类又细分成几十个不等的小分类，标准化了大部分产品，并通过超级链接发布相应标准描述，极大地顺畅了流通。

重新评价、继承原有的业务流程，整合了供应链。供应链是企业的心脏，全球农产品网提供订单、合同的流转和管理，最大可能最接近地将原有的业务模式转移到网络上来，无缝地实施了电子商务。

在业务模式上，提供了交易市场、网上商城等交易模式，由客户自行选择最适合自己的方式，真正实现电子商务的效能。

在对传统方式的拓展上，提供了交易推荐、库存发布和查询、网上支付等，大大地缩短了供应链，提高了工作效率和质量。

真正的一站式平台。全球农产品网除了拥有完善的交易和交易管理外，还提供大量实时、准确的专业信息，是了解掌握业界动态的窗口，同时，全球农产品网提供与第三方服务单位的接口，实现运输与仓储服务的询价、洽谈、订仓和货物监探等功能，确保物流的正常运转。

电子商务的发展是一个渐进的过程，不可能全部替换传统业务方式，它的真正价值是在整合和优化供应链、提高服务的品质、减低营运成本的过程中逐步体现出来的。因此，电子商务运营企业有必要也必须采取分步发展的策略。全球农产品网今后的主要发展方向和目标是：

第一，依托公司系统内的资源优势，通过全球农产品网平台，将面向上游的供应商的采购业务和下游代理商的销售业务有机结合起来，逐步实现无纸化有序管理，增加业务透明度，提高效率，减低成本，拓宽渠道。通过把握核心流程和供应链的关键环节，为集团内外的相关企业提供更好的服务。

第二，在整合本系统内相关业务的基础上，逐步积累经验和教训，继续进行产品标准化，完善交易规则，逐步向本系统外的行业企业提供全面的解决方案和服务，整合他们原有的业务，缩短供应链，提高效率。

第三，完善第三方质量认证和保障机制，进一步理顺 CA 认证、网上支付、网上付运的流程。营造一个高可用性、高可信度、低风险、高互动性的农产品交易社区。

农产品电子商务应用的实施与深入，必然推动整个农产品流通领域的变革，向集约化、节约化、高效率、高效益的方向发展。整个行业正在或即将经历一次有史以来最深刻的重塑商务观念和规则的剧烈变革。作为涉足这一激动人心的新领域的企业，只有练好"内功"，秉承不断创新、高效服务、保证信誉、创造价值的理念，才能使企业自身得以发展和壮大，才能真正实现企业的服务宗旨。

本章前半部分主要介绍了农产品、电子商务以及农产品电子商务的定义、特点等知识点，让读者对农产品电子商务有一个整体的认知；后半部分主要介绍了农产品电子商务国内外主要的商业模式并进行比较各自的特点以及优缺点，让读者在比较中理解农产品电子商务的知识。随后总结了农产品电子商务发展的必然性和目前我国农产品电子商务发展中存在的问题以及应对策略，希望读者能够从中受到启发。

第二章
农产品的商品化与数字化

　　农产品的商品化是指对农产品进行的一系列品质维持和提高，实现产品增值，发挥最大使用价值的过程。农产品商品化解决了农产品附加值的问题，解决了农产品商品化问题才能真正实现农产品外销、农户增收的目标。但是大多数农产品属于非标品，在很多贫困地区，由于受地理环境的影响，农产品达不到规模化，加上地方农产品深加工能力的不足，影响农产品的商品化率。可以通过深度分级，提升农产品商品化水平。另外，农产品的数字化也是当今的一大趋势，可以通过政府布局、企业引领、科技应用、农民参与等方面提升农产品数字化水平。

农产品的商品化与数字化
- 农产品商品化的概念和意义
- 我国农产品商品化现状
- 农产品商品化过程中存在的问题
- 提升农产品商品化水平的措施
- 农产品数字化的概念和意义
- 农产品数字化的路径

第一节　农产品商品化的概念和意义

要实现增加农民收入的目标，发展必须跨过农产品商品化这道坎。这里讲的商品化是市场意义上的商品化，而不仅仅是经济学意义上的商品化。按照经济学意义上的商品化，农民手中的产品出售了，就实现了商品化。以这个观点看，我国农产品的商品化率已经很高了。但是，从市场营销的角度讲，大多数农产品依然以原始形态进入市场，并没有真正进入产品供应链管理中，换句话说，产供销一体化虽然喊了多年，但是农产品进入市场的第一道关口，很大比重依然是所谓的农产品经纪人。显然，其价值实现是无法期待的。农村电商的发展，给了农产品进入市场方式的实质性机会，即一步迈入城市消费体系。但是，如果用传统经商思维来看待电商，恐怕不但不可能使农产品产业链发生实质性改变，而且电商运营也必然会遇到困难。所以，发展农产品电商，必须要实现农产品的商品化。

农产品的商品化，是指对农产品进行的一系列品质维持和提高，实现产品增值，发挥最大使用价值的过程。农产品的商品化处理，包括对农产品的采收、清洗、分级、加工、包装和储藏等过程。农产品的商品化处理既有利于避免腐烂，减少浪费，又可保持农产品的品质。具体的商品化流程如图 2-1 所示。

图 2-1　商品化流程

农产品的商品化大致可以分为品质标准化和品牌化两个方面，

产品品质标准化体系建设需要为每个单品形成专业的标准化体系，包括采收后的再加工再增值过程，比如清洗、分级、包装、加工和储运等产后商品化处理。我国农产品种类丰富，同类产品地域性差异大，每个区域单品的标准化都非常专业，可以借助每个地方专业农产品协会的力量来完成这项工作。

另一方面就是产品的品牌化建设和营销，消费者在购买农产品时，首先考虑的因素是安全、品质和信誉，而品牌是消费者识别和判断这些因素的唯一指标，所以品牌营销将是农产品商品化经营的主要方式之一。同时，由于农产品的自然生长属性，农产品市场竞争力与农产品产地有密切关系，除了企业品牌和产品品牌外，农产品区域品牌和地理标志身份是农业企业克服市场需求约束，增强农产品国内、国际市场竞争力的有效途径之一。

农产品商品化将"不值钱"的农产品变得"值钱"，商品化的农产品化也成为农业企业的一张代表着品质、安全和信誉的名片。商品化解决了农产品附加值的问题，解决了农产品商品化问题才能真正实现农产品外销、农户增收的目标。

第二节　我国农产品商品化现状

一、生产规模小，缺乏品牌效应

虽然我国农村已经出现专业化的农产品种植或养殖农场，但总体来说大部分农民仍然处于半商品化的生产状态，生产的一部分农产品用于家庭消费，一部分作为商品销售。从市场表面上看，农产品种类繁多，但来源杂乱。小规模的生产与销售使得顾客来源得不到保障，难以在市场上形成影响。

除此之外，小规模的生产方式下农产品的销售缺乏品牌效应，市场上农产品的品牌小而冗杂，主要以地区特产为主，知名度低，难以取得消费者的信任。因此在竞争关系中价格较低，且市场很不稳定。我国注册的农产品商标大都是小品牌，对于产品的销售方面没有太大帮助。同类产业如双汇集团，采用统一的采购标准，大规模的肉类加工生产线，品牌效应使双汇拥有了大批的稳定客源，赢得了众多消费者的信赖。

二、专业化水平低

我国大部分的农产品生产是在家庭中进行，机械化程度和专业技术水平低。在较为发达的农村地区出现了专业的生产模式，但经济相对落后的地区主要还是依靠气候和地理条件，作业依靠人力。在疾病防治、反常天气对抗方面缺乏专业的技术指导，难以保证质量和产量。依靠农产品取得收入有较大风险。

三、市场不稳定，价格波动剧烈

农产品的价格对市场的反应十分激烈，价格水平的波动难以预料。农产品是所有人都要消费的必需品，价格水平是决定农产品市场状况的重要因素。"菜贵伤民，菜贱伤农。"同类的农产品有许多的替代品，因此如果价格过高超出了消费者的购买能力，消费者会选择其他产品，价格过低则会给农民造成巨大损失，这背后的原因就是农产品市场反应的滞后性。比如菜农纷纷看好芹菜的市场价值，大面积种植，后果就是产生供求不平衡造成芹菜的滞销现象。

第三节　农产品商品化过程中存在的问题

一、下单渠道多，丢单、漏单不止

农业企业一般来说都会接各式各类的订单，比如来自电商采购的、超市采购的、批发组织的、老客户配送的、乡里邻居采摘的等，其下单的方式也是五花八门，比如邮件、电话、微信、短信等。订单量少可能不存在问题，一旦多起来，就应接不暇，费时费力，往往出现丢单、漏单以及订单处理效率低下甚至错单的现象，让本来就人手不足的农业企业显得越加慌乱。此外，没有对客户进行统计和分析，客户维护缺乏信息和数据支撑。

二、销售受到季节性限制，效益低下

由于农产品的周期季节性、易损耗、质量不确定性等特点，往往无法像工业产品那样做到分毫不差，于是，实时预期对于农产品来说就显得尤为重要。越早知道可卖的农产品数量以及品类、实时库存情况，就越能精确地进行销售。举一个例子，一家超市下周三要500千克西红柿，假如销售人员无法确认是否可以供应得上，便很可能会丢掉这个订单，也可能企业明明有货却卖不掉，直接造成经济损失。

三、入库出库差距大，损耗无法核算

库房的储存不仅仅是帮助农产品储藏、保鲜，同时也是农产品

流通环节中的关键。库房的管理非常讲究，比如，是否做到先进先出、避免库存积压、结余盘点等，都将直接影响是否可以花最少的钱获得最大的管理效益。同时，大量的数据也都会在库房管理中产生。预采量、采收量、外采量、订单出货量、商品包装量等，这些数据不仅反映了生产的结果，同时也反映了销售的结果。

四、包装损耗大、包装效率差

目前大部分农产品都会有包装环节，直接对农产品原材料进行初加工变成商品，也是商品化过程中非常重要的一步。比如，同样150千克的蔬果，有些农场可以包出140千克，有些农场只能包出125千克，看似可以忽略的损耗，但一年下来往往都是一笔不小的费用。如果一天能通过规范的业务流程省下15千克菜，一年就可以省下5 000千克菜。

五、质量安全问题严重

近年来农产品的农药残留、有毒添加、催化剂的过度使用和转基因问题极大地扰乱了农产品市场，降低了消费者对很多农产品的信任感。由于农产品的生产零散，源头难以追溯，所以无法准确定义责任范围，使得整个行业都受到牵连。在受到众多食品安全问题的影响后，消费者对农产品的质量安全十分敏感。以当年北京昌平区的"毒草莓"事件为例，外界谣言盛传昌平区使用了致癌物质乙草胺，给昌平的草莓产业造成了2 000多万元的经济损失，但实际上，昌平区的草莓均未检测出乙草胺成分。

六、物流设施不健全

消费者对大多数农产品的基本要求是新鲜，这就意味着农产品的运输必须保障高效。目前我国农产品的流通过程缺少正规严密的中转组织，保险措施不到位，肉类、瓜果蔬菜在运输途中的冷冻设备普及率过低。物流的缺失导致产品销售范围不广，是扩大市场的一大阻力。此种现象的原因在于资金投入不足，缺乏行业规范。

七、生产销售机制不完善

农产品往往在农村生产，农户与市场之间信息不对称，小规模的生产农户缺乏正规的分销渠道，需要生产合作社等机构对产品进行统一的分销。生产销售机制的不完善，一方面使农民不能及时了解市场现状，利益受到收购商的侵犯，另一方面使农产品不能及时售出，造成损失，打击农民生产的主动性。

农产品电商所讲的商品化必须从农产品生产开始，也就是说必须从农户开始。这与一般农产品流通所讲的商品化是不同的。农产品必须从一开始就是以商品化的思维指导的，即符合未来消费者需求或者说符合市场定位的。这其实也是农产品电商发展的难点。也正是因为这一点，农产品电商发展到目前为止还比较缓慢，这不是技术问题，而是商品化过程的组织问题，是农产品生产过程中组织碎片化带来的问题。培育农产品供应链管理主体，较之在工业品供应链管理过程中形成主体效应要难得多。有关部门应该认识到这一点，在对农产品电商的扶持中，应该更多地关注能够解决商品化过程的组织载体。

第四节　提升农产品商品化水平的措施

一、深度分级，把单个农产品"剥开卖"

单个农产品也可以剥开卖。一般的产品分级是按形状、大小等分类，例如，水果按大小、外形等分级，猪、牛、羊按部位不同价格分级等。但很少有人会想到，苹果能否像猪一样切开卖，苹果皮、外层肉和内层肉分开卖。更进一步，能否把苹果作为原料，粗加工成苹果食品，例如，苹果皮干、苹果肉干等。这主要看农产品是否会由于部位的不同而有不同的价值。

哪些农产品能剥开卖？从技术的层面来讲，所有的农产品都可以剥开卖，因为不同的部位都有不同的品质，从而产生不同的价值。但是，在实际操作中要注意两点：一是，剥开分级越少，价值越低，例如，前面讲的苹果，外层肉和内层肉各方面品质都差不多，把内外层肉剥开卖价值就不大；二是，剥开卖的各层都要有比较成熟的消费习惯群体，或者有特定的销售对象，这样才能让剥开卖的总价值比单个整卖的总价值高。

深度分级案例：一棵芹菜分四部分卖

以前，章丘市辛寨鲍家村的芹菜每千克最多只卖 4 元，后来鲍家村的芹菜竟然卖到每千克近 200 元，鲍家村人是怎么做到的？

原来鲍家蔬菜专业合作社理事长刘殿明在销售时将一棵芹菜分

四个等级，最外面一层不经过任何包装，每千克只卖6元，里面一层每千克卖20元，越往里面，价格越高，最贵的是中间的芹菜芽，每千克卖180元。180元1千克的芹菜芽主要定位在高档饭店、高端宾馆等地方。

刘殿明认为从外观上能看出质量的好坏，最外边一层芹菜发黄，纤维要多点，里边的芹菜发绿，纤维少点，越往里，芹菜的质量越好。

后来，刘殿明和他的合作社通过统一分级、包装，180元1千克的芹菜芽每天就能卖掉二三百千克，其他等级的芹菜销量每天也有近5 000千克，均价达到了30元1千克，原来怎么也卖不上价的芹菜成了当地老百姓的财富源泉。

二、菜谱化，让农产品组合起来卖

一般情况下，农产品是按种类卖，消费者都是买各种菜、肉，然后回家自己加工、配菜。所以，一般的农产品企业，也是这样卖蔬菜的专卖蔬菜，卖肉的专卖肉，很少有人把蔬菜和肉组合起来，变成一种商品，然后卖给客户。这样的做法就是农产品的菜谱化。

在快节奏生活的城市，时间是人们最大的成本，凡能节约时间的做法都是有很大价值的。把一家一户分散化的净菜、切菜和配菜的劳动变成一种专业化、规模化的统一劳动，也是很有价值的。

三、政府完善行业规范，加大资金投入

首先需要政府针对农产品商品化制定一系列的法律法规，加强对农产品市场的宏观调控，维护市场秩序，保护农民利益。对农产品的质量安全制定严格的标准，质检部门严格对待农产品的检验检疫，既要保障食品安全，又要保护农户不受谣言中伤。其次加大对提高专业化水平方面的扶持，对机械的购置和人才的培养实行补贴政策，同时加大在物流方面的投入，包括道路的建设，保险设施的完善，以及对流通组织的管理，提高农产品的流通效率，减少运输途中的损耗。

四、农户重视技术水平的提高，注重营销战略

农产品的生产农户首先要以保证质量安全为基础，学习农产品的专业生产技术，以应对恶劣天气和病害造成的影响，保证产品产量和质量。有条件的农户可进行大规模的生产，或自发组织生产合作社形成自己的品牌，扩大宣传营销，逐步取得稳定的市场。农产品的商品化是市场经济发展的必然趋势，加大农产品商品化程度能直接提高农村土地资源和劳动力资源的利用效率，改善农民生活条件，加强农村生态文明建设，推进农村经济发展。农村要抓住机遇整合经济建设，就必须改变目前农产品的销售现状，大力开展大规模、专业化的生产建设，完善物流渠道。

案例一：指导和规范电商行为，为消费者提供强有力的保障

北京市农业技术推广站制定了《北京电子商务市场蔬菜分级包装技术规范》，从产品分级指标、包装方式、产品保鲜等三个方面进行规范，填补了蔬菜电商标准领域的空白。

蔬菜分级可根据蔬菜的大小、重量、外观的不同区分产品的质量，为其商品性和价格提供依据，使电商根据品牌定位，为生产者、收购者和流通渠道诸环节提供"贸易语言"，也能够满足消费多样

化需求，解决了电商企业、消费者、生产者之间蔬菜品质信息不对称，易出现纠纷的问题。

在产品包装方式上，在对现有蔬菜包装和可能用在蔬菜上的包装进行优化的基础上，提出适合电商的包装方式，满足自配、第三方物流和品牌的不同要求。这样就克服了包装强度不足、产品破损率高和过度包装增加包装配送成本的问题。

产品保鲜包括配送过程保鲜和家庭储藏保鲜，规范了保鲜操作要领，以保持品质，减少损耗率。

案例二：农产品进社区开启"基地＋社区直供"

2018 年，在阳原县政府及县商务局的指导下，易居乐农作为阳原县电子商务进农村综合示范项目主运营商，联合中国社区扶贫联盟在全国开展"阳原县农特产品进社区"系列扶贫助农推广活动。将阳原县的特色优质农产品宣传到社区中去，让城市居民体验、了解阳原县的优质农特产品，从而打开县域农特产品知名度，解决贫困县农产品因销售渠道不通畅、知名度低导致的产品滞销问题。通过精准扶贫系列公益活动助力贫困地区人民实现产业脱贫，走上致富之路。

据统计，2018 年 7 月至 11 月，易居乐农在北京、上海、深圳、天津、成都五个城市的 59 个社区累计开展了 124 场阳原县农产品的社区展销活动，数十万名社区业主直接参与到社区展销互动中，其中阳原小米、阳原西红柿深受广大消费者的喜爱。

活动主要通过阳原县特色农产品试吃、产品陈列展示以及扶贫助农活动推广宣传，让更多的城市社区居民了解这一社区扶贫助农项目、体验阳原县的优质农产品以及提高县域农特产品品牌知名度；并且将县域特色农产品上线至"乐农社"电商平台，引导用户通过"乐农社"平台直接购买阳原县特色农特产品，真正实现"基地＋社区直供"电子商务互通业务。

每场社区活动中均会设有易居乐农阳原县扶贫助农专柜，以展销阳原县特色农产品，介绍扶贫助农合同、县域简介等信息，展销的产品均与阳原县贫困户直接联结，并签订助农合同以保证扶贫的真实性。展销活动中，社区业主们频频驻足，对展销产品十分感兴趣，很多业主惊喜而来，满载而归。易居乐农作为新时代社区支持农业的践行者，依托中国社区扶贫联盟的社区资源支撑，在阳原县域实现了"产业扶贫＋消费扶贫"的精准扶贫。

易居乐农将持续性开展阳原县社区（群）"1+1"精准扶贫活动，深度开发特色产业，推动阳原农村产品上行，进一步拓宽销售渠道，带动农民脱贫增收。

第五节　农产品数字化的概念和意义

一、数字化的概念

数字化是指将任何连续变化的输入如图画的线条或声音信号转化为一串分离的单元，在计算机中用0和1表示。通常用模数转换器执行这个转换。就是将许多复杂多变的信息转变为可以度量的数字、数据，再以这些数字、数据建立起适当的数字化模型，把它们转变为一系列二进制代码，引入计算机内部，进行统一处理，这就是数字化的基本过程。

二、发展农产品数字化的意义

（一）有利于带动农产品市场化

数字农业有助于解决农业产销信息不对称问题，满足消费者多样化、个性化的消费需求，实现农产品产销精准对接。以数字农业为突破口，建立以消费为导向的农业现代化产销体系，可充分发挥农产品市场配置农业资源的决定性作用。

（二）有利于倒逼农业生产标准化

发展乡村电子商务,需加快建立与之配套的统一质量、统一分级、统一包装等标准体系。通过数字农业的带动作用，将这些标准体系应用于生产、管理，推动农产品生产关键技术规程、分级、包装运输等标准的普及应用，提高农业生产标准化、规范化水平，建立健全农产品质量安全追溯体系。

（三）有利于实现农业生产精准化

通过研发推广节本增效物联网技术模式和软硬件设备，强化遥感在监测农情、大田作物面积、大田作物产量等方面的作用，利用手机 APP 实现统防统治、测土配方施肥等，实现农产品生产过程的精准化、智能化。

（四）有利于促进农业生产规模化

通过发挥互联网的聚集作用，建立虚拟农场，可以把分散的生产者及生产要素优化组合，开辟一条具有中国特色的适度规模经营之路。

（五）有利于推进农产品经营品牌化

互联网具有传播速度快、覆盖范围广的特性，能够在短时间内聚集大量具有相同需求的消费者，为农产品品牌宣传开辟一条捷径，倒逼生产经营者在农产品生产环节、销售环节加强农产品品牌建设。

三、 农产品数字化的体现

（一）农产品实现全程安全追溯

农产品的生产、加工、运输、销售四大环节全面升级，可实现全链路数据监测，确保品质最优、运输最快、消耗最小。在区块链技术的支持下，农产品可实现质量安全追溯。未来，消费者可以知道餐桌上的肉出自哪里、是否绿色健康。考虑到"物联网＋区块链"仍有一定技术及成本门槛，这一改变有望在一些大型农企率先实现。

（二）大数据助推农业生产，解决农产品滞销

信息不对称是农产品滞销的重要原因。随着人工智能、大数据等技术的发展，现在部分地区已经开始由政府牵头，建立起完整的生产、流通、销售大数据，不仅能及时了解市场的需求动态，还能反推生产，通过水肥灌溉、病害预警等人工智能决策手段，种植出最受欢迎的农产品，进一步解决农产品的滞销问题。同时，新技术也将成为扶贫抓手。

第六节　农产品数字化的路径

一、 立足国情为农产品数字化布局

我国农业均具有其独特的现实条件，因此我国农业数字化的建设亦具有不同于其他国家的特殊性，应立足我国的国情，创新农业数字化的发展思路。农业数字化的过程既是低端农业劳动力向非农

产业转移、高端技术人才向农业领域输送的过程，亦是农业及其邻近产业突破传统生产方式实现升级换代的动态的过程，更是农业城市化与农业产业化协调发展的互动的过程，这些过程环环相扣、紧密相连。农业数字化的过程绝不仅仅只是扩大农业生产规模、降低农产品生产成本，而是从农业现代化的全局出发，各方协作，早日形成符合我国国情的、可持续的、稳定的、有竞争力的农业发展模式。

二、重视政府在农产品数字化中的作用

为了保证国家能够无后顾之忧地参与国际竞争，政府应充分重视国内农业产业，尤其是农业数字化的发展，尽量发挥其组织领导的优势，从宏观调控、土地制度、政府投资、法治建设等多方面入手，促进农业数字化的建设。中国农业与生俱来的弱质性，要求政府必须长期扶持农业的发展。所以，我国有必要持续强化政府在农业数字化建设过程中的功能：加强宏观调控，力求为农业数字化的发展创造一个有利的外部环境；改革土地制度，促进土地资源的合理开发与利用，实现土地的适度规模经营；增加政府投资，尤其重视引导农业数字化产业基础与数字农产品体系的投资；强化农村立法，加强对农村相关问题的立法与执法力度，制定中国农业数字化的发展战略，提出数字化农业发展的长期规划，选定目标，重点突破，以法治的手段保护农业数字化的健康发展。

三、普及科技在农产品数字化中的应用

科学技术的合理利用是农业数字化的主要特征之一。我国农业科技水平普遍偏低，究其原因不外乎我国大量先进实用的农业科技成果未能及时转化成农业生产力。即使某些已经转化为现实生产力

的科研成果，亦没有广泛推广到实际的农业生产之中。这也从侧面表明我国农业数字化的发展潜力巨大，我国应着力于农业科学技术的开发、转化与推广，使科技成为推动我国农业数字化发展的不竭动力。我国的农业科技资源一般掌握于各级政府组织管理的农业科研机构手中，这些机构多以政府每年的预算维持运作，所以政府对其具有一定的管理权，可以要求这些农业科研机构联网，降价甚至免费向农民输送农业数字化的相关技术信息，内容可以涵盖普通的水土保持以及专业的良种推广等领域，将科学技术真正惠及广大农民。此外，还可以充实现有的农业资源数据库。我国目前也陆续建立起一大批有关农业资源的专业数据库，但现有的数据库无论是在数量还是在质量方面还不足以形成完整的农业数字产业，因此应不断挖掘农业数据资源，扩展数据库的覆盖面，逐步形成综合性的特色数据库，为农业数字化的建设提供丰富而又准确的数据资料。

四、发挥农民在农产品数字化中的功能

我国广大农民科技意识淡薄，使得本来就稀缺的科技资源无法得到有效利用。我国应当借助农民合作组织普及农业数字化的相关知识，提高农民科技兴农的意识，培养其自觉利用科学技术进行农业生产，共同将稀缺的科技资源充分转化为现实生产力。同时，还应正确处理农民、农协、市场的关系，由专业的农民合作组织处理农业生产前、生产时以及生产后的各种服务，适当减轻政府的负担，保证农产品畅通的销售渠道，避免农产品因为产量高而导致的积压打击农民从事数字化农业的积极性。

案例一：安厨电商发展历程——从三人初创团队成长为行业王者

杭州安厨电子商务有限公司成立于 2013 年，是国家级"星创天地"、省级重点农业企业研究院、省骨干农业龙头企业。这是一家新生企业，却有着巨大的发展潜力、朝气蓬勃。

公司创始人刚刚 40 岁，员工平均年龄不到 30 岁。创立之初就定位于搭建农业全产业链平台，而不是局限于做简单的电商平台，逐步形成了"公共服务中心—公共品牌和产品—电商交易平台—供应链平台—农业产业园"完整的三农发展生态链。目前，安厨交易平台年销售额达到 2.3 亿元，线下已经在 8 省 23 个县开展农业产业公共服务，累计培训 20 余万人次，孵化电商人才数万人，这是一家科技企业，却深深扎根"三农"领域，用"绣花功夫"精耕细作。安厨怀抱"农村电商第一品牌"的梦想，它与其他科技平台的区别是：它是想方设法帮助农民赚钱，让农民钱包鼓起来，而不是千方百计刺激农民花钱，让农民钱包瘪下去。在实践中，他们发现农民专业化程度很低，如果不能提供专业化服务，要想组织农民、引导农业搭上互联网的快车就是空想，乡村振兴也会遥遥无期。这是一个年轻的团队，却拥有不一般的勤劳与坚韧。公司现有员工中 96% 有大专及以上学历、80% 有过互联网企业从业经历，有近 50% 从阿里、腾讯等知名企业加盟过来。但无论之前什么学历、什么职业经历，现在公司三分之二的员工，都已经被训练成新型农民。图 2-2 是安厨电商的企业文化墙。

图 2-2　安厨电商企业文化墙

通过多年探索和发展，安厨形成了县域农业电商公共服务与安厨微店两大核心业务，涵盖电商平台技术开发、冷链系统、检测与溯源系统、仓配物流系统、农业电商培训等。

目前，安厨拥有子公司 20 余家，资产规模超 10 亿元，通过了 ISO 9001:2015 质量管理体系认证，并取得多项农业电商实用新型和外观专利，获得国家级"星创天地"及省级"星创天地"备案、全国百佳农产品品牌、农业农村部"双新双创"最佳设计奖、省级骨干农业龙头企业、浙江省电子商务 3A 级企业等荣誉；同时是农产品电商全产业链服务省级标准化试点单位，并与中国农业科学院联合发布浙江省鲜活农产品电商流通标准。

回顾安厨发展历程，不难看出，安厨电商从诞生伊始就秉持"让农民笑起来,让农村富起来"的企业愿景，并致力于让消费者"上安厨,吃点好的"。经过多年的经营，安厨电商不仅在行业内成长为首屈一指的农业电商民营企业，更成为具有全国影响力的农业电商服务平台。

安厨电商的创始，起源于三位具有前瞻眼光的领导者，他们是以杭州市人大代表王晓桢为首的三人团队。三人于2013年8月在浙江桐庐成立杭州安厨电子商务有限公司，希望帮助县域实现农产品上行，通过电商推动农业增效、农民增收、农村发展。同年，安厨"绿庐生态园"现代农业示范基地建成，安厨冷链配送正式启动，安厨商城上线。

2014年，可谓是安厨电商成长的关键时期。这一年，安厨农产品检验检测室成功运转，安厨独创的"电商平台＋仓配平台＋基地"全产业链服务铺开。取得一系列成绩的安厨受邀出席浙江省农业对接大会并被作为典型案例宣传推广，安厨还受邀出席中国首届经济与电子商务峰会、第二届电子商务发展大会进行经验分享。

一路高歌猛进，让安厨电商屡获殊荣。2015年，安厨获桐庐"十佳网络创业之星"称号，并被指定为浙江省市县农产品质量安全追溯管理平台检测点（桐庐唯一一家）。荣誉让安厨更坚定不移地承担起行业领导者的责任，不断突破自我，寻求新的发展机遇。随后，桐庐农产品电商产业园项目启动；安厨干线冷链＋申通快递达成城区配送战略合作。同年，安厨被评为杭州市级农业龙头企业，在杭州成为当之无愧的行业之王。

2016年，安厨再次升级业务模式，启动龙游电商产业园项目并建成首个安厨农创客服务中心。安厨还与高校强强联合，安厨绿庐基地成为"浙江大学数字农业与农村信息化研究中心产学研示范基地"。也是在这一年，安厨收购杭州供销电商股权，开启农业电商混合所有制改革探索，成为农业电商企业的楷模。

2017年，安厨逐步与多个地方政府合作，先后与浙江桐庐、浙江临安、浙江建德、浙江富阳等多地政府达成战略合作，并在当地成立子公司。安厨还积极跨界合作，与上市企业申通快递达成全面战略合作；安厨桐庐电商产业园一期投入使用；与内蒙古突泉政府达成战略合作，并在当地成立子公司。安厨的步伐，更是从浙江走向全国，与云南漾濞、吉林榆树、山西芮城等地政府达成战略合作，并在当地成立子公司。

安厨又与吉林白城政府达成战略合作，成为农产品电商全产业链服务省级标准化试点企业；并与中国农业科学院联合发布浙江省鲜活农产品电商流通标准。目前，安厨已荣获省级骨干农业龙头企业，开启了安厨微店"城市合伙人"试点。未来，安厨将继续以助力农业产业电商化为己任，以帮助农村地区民众增收致富为目标，不忘初心，砥砺前行！

案例二：阿里数字基地——带给消费者不一样的农产品

2019年10月10日，阿里巴巴集团数字农业事业部首次亮相。据介绍，数字农业事业部将建立产、供、销三大中台（中台指通过制定标准和建立机制把不确定的业务规则和流程通过工业化和市场化的手段确定下来），在全国落地1 000个数字农业基地，对农业产业进行全链路数字化升级。

阿里巴巴集团副总裁、数字农业事业部总裁、盒马事业群总裁侯毅表示，数字农业事业部是阿里经济体助农的组织升级，将进一步聚合阿里经济体13个业务生态的力量，专注于中国农业的基础设施建设。数字农业事业部的目标是到2022年，阿里经济体涉农产品全年网络销售额破4 000亿元。

这意味着，在阿里的引领下，农村电商正在从农产品网络零售，转向电商的基地直采。全链路数字化升级的基地和三大平台将带给消费者哪些惊喜呢？你会吃到更新鲜、更成熟、更高品质、更安全美味、更满足个性化需求、可以追溯到是哪个人哪块地产出来的农产品。

1. 生鲜体验升级

就在中国农民丰收节期间，阿里经济体13个涉农业务单元大协同，共销售近8亿件农产品，举办37万场特色农产品直播（淘宝直播），观看超过7亿人次，收获超过33亿次互动点赞，完成了消费者与生产者的大联欢。

数字农业事业部的13个成员是淘宝、天猫、农村淘宝、盒马、菜鸟、阿里云、蚂蚁金服、聚划算、淘宝直播、阿里巴巴脱贫基金、淘宝大学、1688、阿里研究院。数据显示，2018年，淘宝、天猫两平台占全国农产品网络零售75%的市场份额。阿里电商销售农产品的结构类型正在从以耐储存类为主导转向冷冻链逐步完善下的生鲜类；农产品来源从分散农户转向电商基地直采。这些转变的基础是阿里的基地模式和产—供—销结合的中台体系。

传统农业长期存在着环境不确定性、小农生产分散性、品控非标准性，以及农产品流通长链路、利润薄等问题。阿里的"基地模式"，就是在农业源头端建立数字化基地，打造数字农场，通过科技升级基地，实现数字化管理。从聚合消费能力走向聚合供应链能力，三大中台体系在"产"上深耕农业源头，建立数字化基地；在"供"上，打造农业供应基础设施中台，与菜鸟合作通过大数据建立农产品流通新型供应链中台；在"销"上，建立全新的农业数字分销平台，组织线上线下销售端以订单模式反馈供应链中台。这样，长期困扰消费者的农产品消费痛点就会迎刃而解。担心食品安全？担心不是真品牌？整个生产过程随时可查。担心不新鲜不成熟？全程冷链最短时间送上门。担心水果太甜影响血糖？反馈需求按需定制包你满意。

2.全链路智能数据追溯让你更安心

在湖北省秭归县水田坝乡，"九月红"脐橙成为阿里巴巴农村淘宝未来农场首个上线的农产品。可不要小瞧这一颗颗来自未来农场的橙子，它们的生长环境简直让"脐橙界"眼红。天上，配备智能测绘系统的植保无人机，喷洒农药的空中导航能精确到厘米；身边，内设传感器、智能芯片的智能气象站陪着，随时监测日照、气温、湿度；水肥一体化滴灌系统"伺候着"，定时、定量、定点灌溉；地上，更是照顾得无微不至，全年每株施入的有机肥和复合肥精度到 0.1 千克；果树修剪上，甚至定好每颗果子附近有 50~55 片叶子。这种条件下结出的脐橙，糖度高，酸度小。这是淘乡甜为脐橙量身打造的种植标准。

在未来农场，农业生产与大数据、云计算、物联网相结合，不仅可以通过区块链溯源，让消费者在线上线下同步了解商品信息，还提高了产量和商品果率，实现秭归脐橙从田间到餐桌全链路智能化、数据化，并通过数据沉淀为未来产业升级做科学指导，图 2-3 展示了阿里全链路智能数据追溯技术。

消费者拿到一盒未来农场生产的秭归脐橙，刮开二维码涂层，用手机扫一扫，产品上市时间、品种、品质等详情，经营主体及责任人等产地情况、品质检测、基地全景、品质监控等追溯信息一目了然。除了监控基地，这些追溯场景还包括：每一批农产品的生产过程、与加工包装批次相关联的场景并生成溯源码、质检机构的批次抽样、仓库操作发货、消费者订单签收及评价等。

视线转到内蒙古兴安盟，"淘乡甜数字农场——兴安盟大米标准示范基地"是阿里巴巴首个数字基地。通过电子地图、物联网设施设备、无人机植保飞防以及数字农场 APP 等，实现水稻种植基地、

实现从田间到餐桌的全流程追溯

图 2-3　阿里全链路智能数据追溯示意图

种植品种、种植过程等数字化、可视化。一品一码，每一包米的追溯码都进入阿里数据库，让全国消费者对每一袋米都心中有数，保证消费者吃上安全米、新鲜米。

这些是农村淘宝联合蚂蚁金服，让数字农场每一份农产品都有区块链身份证的缩影。通过溯源体系，可以实现农产品生产、买卖全流程每个环节的可信数据存证，为农产品建立"透明、安全、放心"信用体系，也为消费者创造"原产地甄选、保鲜直供"的消费体验。

3."几度甜"、哪种米你说了算

秭归未来农场运营管理伙伴、湖北多美橙公司总经理余浩表示，数字化分选大大提升优果率，最大限度保障脐橙采摘后的出厂品质。98米长的柑橘分拣线和全自动包装成型等智能设备可根据消费后端反馈过来的数据，考虑到不同消费者对好吃的定义不同，不同区域口感会有差别，如北方消费者要求出汁率高，南方消费者则要求糖度偏高等需求。设置不同品种的分级数据，有针对性地包装出货。

阿里数字农业事业部总监王巍介绍，集团根据订单给农户和农企反馈信息，来确定需要的产品。他们将橙子分成 14 个等级，分别对应不同的甜度和大小，再销售给不同的客户群体，这样一来，也能确保农民种出来的果实不会浪费。分选加工后的秭归脐橙，将通过淘宝、天猫、盒马等线上、线下新零售场景，实现"分钟级"高效配送。

而兴安盟大米从最开始的选种环节，就应用了消费数据选种。消费数据包括男女老少分别喜欢什么米，用户人群集中在哪里等，这些数据结合当地气候，农场会告诉农民应该种什么品种。

以前，这里的农民种的是很普通的国家储备粮，价格是每千克 3.6~3.8 元，现在农民种的是符合消费者需求的高端精品粮，市面上每千克 9.8 元。

4. 动用"海陆空"让你更快尝鲜

你也许不会想到，从广西运往西安的盒马生鲜店里的一枚小小火龙果，通过阿里巴巴物流、支付、金融、云科技等多项基础能力加持，途经 5 省 10 县历时 21 小时就会出现在你家的餐桌上。无人机跨海运输、循环水车护航、冷链车冰鲜……阿里巴巴动用了"海陆空"，只为让你更快尝鲜。在这背后，是阿里集各方资源从聚合消费能力走向聚合供给能力的体现。这条连接农产品和消费者的高速城乡物流网络，大大缩短了农产品上桌的成本和时间。

以往农户要自己联系物流，尤其卖爆的时候最发愁，缺场地、缺人手，光打包发货就要好几天，而农产品保鲜期短，耽搁不起，消费者也在翘首期盼。针对生鲜行业的全链路物流解决方案，阿里巴巴通过对大数据和全链路信息流的运用，提前规划分仓计划，并根据销售数据提供补货预测。大数据支持下的分仓体系，减少中转环节、缩短配送路径，从而降低货品的损耗和商家物流运营成本，提升配送时效。

在新疆巴楚，瓜农收入两年内翻了10倍；在重庆奉节，一棵脐橙果树的收益从300元提高到了上千元；在四川乡城，一棵苹果树结出的果子比半头猪还值钱……截至2019年4月，阿里巴巴数字基地已在全国25个省落地生根，覆盖农村人口超过1亿人，其中覆盖了221个国家级贫困县，孵化品牌超2500个，覆盖贫困县人口超过340万人。在农户致富的同时，通过阿里巴巴强大生态体系，来自祖国东南西北的农产品"触网上行"，正以最新鲜、快速和便捷的方式到达消费者手上。

本章节探讨了农产品商品化的概念和意义，从我国农产品商品化现状着手分析，提出我国农产品商品化过程中存在的棘手问题，并从四个方面提出解决措施，具体包括深度分级，把单个农产品"剥开卖"；菜谱化，让农产品组合起来卖；政府完善行业规范，加大资金投入；农户重视技术水平的提高，注重营销战略等。然后研究了农产品数字化的概念和意义，分析了我国农产品数字化的具体体现，提出了可供操作的提升农产品数字化水平的政策建议，包括立足国情为农产品数字化布局、重视政府在农产品数字化中的作用、普及科技在农产品数字化中的应用、发挥农民在农产品数字化中的功能等。

第三章
农产品电子商务经营模式分析

　　随着互联网经济的快速发展，人们的消费习惯也发生了很大的改变，推动了农产品电子商务的快速发展，农产品电子商务的经营模式也变得更加多元化。目前我国农产品电子商务主要有以下几种模式：B2B 模式、B2C 模式、C2C 模式、O2O 模式及其他模式。本章主要介绍农产品电子商务的分类、交易流程和盈利分析等。

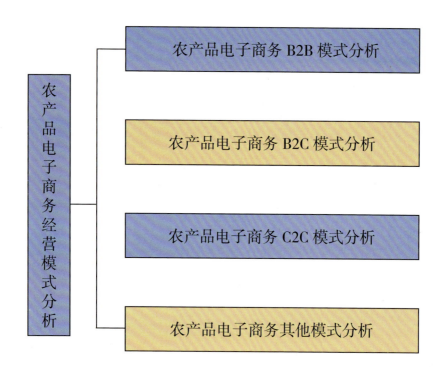

农产品电子商务经营模式分析

农产品电子商务 B2B 模式分析

农产品电子商务 B2C 模式分析

农产品电子商务 C2C 模式分析

农产品电子商务其他模式分析

第一节　农产品电子商务 B2B 模式分析

农产品电子商务 B2B 模式，即农产品商家到农产品商家的模式，这种模式一般是商家到农户或一级批发市场去进行集中采购农产品，之后再分配给一些中小型的农产品商家。这类模式的优点主要是为中小农产品批发或零售商提供便利，节省其采购和运输成本。

一、农产品电子商务 B2B 模式的分类

根据我国电子商务所处的行业的不同，目前我国的电子商务的 B2B 模式主要分为垂直 B2B 电子商务和水平 B2B 电子商务两种模式。

1.垂直 B2B 电子商务

垂直 B2B 电子商务主要面向的是一些制造业为主的实体业。所交易的产品既可以是一种产业链的形式，也可以是行业中所有相关产品、互补产品或服务。产业链主要分为两个方向：上游和下游。垂直网站将特定产业的上、下游厂商聚集在一起，让各阶层的厂商都能很容易地找到原料供应商或买主。这些网站定位于一个特定的专业领域内，生产商或商业零售商可以与上游的供货商之间形成供货关系。在国内有不少垂直型的农产品 B2B 网站，如农产品集购网，网站如图 3-1 所示。垂直网站吸引的是针对性较强的客户，这批针对性较强的客户是这些网站最有价值的财富，是真正的潜在商家，这种市场一旦形成，就具有极大的竞争优势，所以垂直网站更有聚集性、定向性。

图 3-1　农产品集购网

2.水平 B2B 电子商务

水平 B2B 电子商务面向所有行业，所以是一种综合式的 B2B 电子商务模式。水平 B2B 电子商务可以将各个行业中相近的交易过程集中到同一个场所，为买卖双方共同创建一个信息沟通和交易的平台，让买卖双方能够分享信息、发布广告、竞拍投标，同时也可以为他们创造交易机会。水平 B2B 电子商务网站并不一定是拥有产品的企业，也不一定是经营商品的商家，它仅仅是为买卖双方提供一个交易的平台，这类网站追求的是"全"。目前我国主要的水平农产品 B2B 网站有一亩田、惠农网等。

二、农产品电子商务 B2B 模式的交易流程

B2B 电子商务的交易流程可简单归纳为以下几步。

1.交易前

在进行交易前准备阶段，买方首先需要知道自己想购买哪一类产品，估算购买货款，并制订相应的购买计划；其次就要搜寻相关

信息，寻找合适的卖家。寻找到卖家后，买卖双方就可以商讨交易事项，如买方向卖方询价，卖方再向买方报价，并说明商品的具体信息，落实商品的种类、数量、价格、交易方式等。买卖双方在进行交易之前都需要尽可能详细地了解对方的情况，如对方的信用状况、财务状况、送货情况等。如果进行的是国际贸易，还要注意了解对方国家的贸易政治、经济政策等。为了促使交易达成，买卖双方都应该尽可能地透露自己的信息。

2.交易中

买卖双方就交易达成一致后，就可以拟定相关协议，签订合同，明确双方各自的权利、义务，标的商品的种类数量价格、交货时间、交货地点、交货方式、违约条款等。然后，双方还需要到银行、保险公司、运输公司、税务部门等办理预付款、投保、托运、纳税等相关手续。

3.交易后

这个环节的核心任务是商品的运输与收货、验货。卖方应按照合同约定的时间，及时地备货、发货，并告知对方发货时间及运输信息；买方在收到卖方发来的货物后，也必须按照约定检验并接收货物。如果交接活动正常进行，买卖双方将在完成发货和接货后，进行款项的结算，至此整个交易过程结束；如果中途出现违约情况，双方将根据合同约定进行索赔和赔付。

三、农产品电子商务 B2B 模式的盈利模式

农产品电子商务 B2B 网站盈利模式有以下几种：

1.收取会员费

企业通过 B2B 电子商务网站参与电子商务交易之前需要在交易

网站进行注册会员，而会员一般每年都要交纳一定的会员费，然后才能享受网站提供的各项服务。当前，会员费已经成为我国B2B电子商务网站最重要的收入来源之一。

2. 收取广告费

网络广告是门户网站的盈利模式，也是B2B电子商务网站的主要收入来源之一。例如我们在登录B2B电子商务网站时会有弹出广告、漂浮广告、文字广告等形式的广告供用户选择。

3. 收取竞价排名费

竞价排名也是最近几年广泛应用的推广模式。企业为了促进产品的销售，都希望在B2B电子商务网站的信息搜索中排名靠前。为了满足企业的这种需求，一些B2B电子商务网站推出了竞价排名的服务方法，在确保信息准确的基础上，根据会员交费的不同对其排名顺序进行相应调整。

除了前面三种常规的盈利模式外，信息化技术服务费、代理产品销售费、交易佣金费、展览或活动费等也逐步成为B2B电子商务网站的收费渠道。这些大部分为增值服务，能为网站拓展更多的收益来源，从而达到网站和会员双赢的效果。

案例一：惠农网——打造农业互联网体系生态圈

湖南惠农科技有限公司是一家专业从事农业电子商务和农业信息化服务的高新技术企业及湖南省电子商务示范企业。吸引了一批来自IBM、阿里巴巴、京东、中兴等国内知名电商企业的优秀人才。成功开发并运营国内领先的大宗农产品B2B平台——惠农网。

惠农网主要服务对象是种植养殖大户、农民专业合作社、家庭农场、农产品加工经营企业等，网罗水果、蔬菜、畜牧水产、农副加工、粮油米面、苗木花草、农资农机、中药材、包装、仓储十大类目，涵盖超过 1.4 万个常见农产品品种。

惠农科技创新孵化出基于农村电子商务的"惠农优选""委托采购""真源码""惠农电商研究院""县域电商服务"等服务项目，通过区域"培训中心＋产业带＋农产品采购节＋溯源平台"的落地方式，推进农业电商健康可持续发展。

惠农网于2016年上半年成立了县域电商服务中心，帮助政府与农业企业提供切实可行的解决方案。惠农网的农产品上行重点围绕供应链创新与产业协同，通过品牌孵化激活市场与源端活力，最终实现产业升级。方案围绕与供应链上下游互联互通，协同发展。第一，源头建立地头品控体系，完成农产品的初级标准化，主要以农户为主体。第二，建立以代办、合作社为主的代办品控，完成农产品的商品化。第三，建立以电商平台为主的运营品控、完成农产品的电商化，实现农产品供需匹配。

靖州是中国杨梅之乡，品质好，但丰产不丰收。从2015年开始，政府成立杨梅促销工作领导小组，帮助梅农助销杨梅。希望借助互联网手段及新兴渠道，帮助4万梅农脱贫致富。基于共同的目标，靖州县政府与惠农网达成了政企紧密合作。靖州县政府通过与惠农网合作，整合电商渠道资源，整合产业链服务资源，实现杨梅的电商化，提高杨梅的品质，拓宽销售渠道。

1. 建立农产品信息管理体系

依托惠农网农产品电商平台，让靖州杨梅实现供应信息在线化、宣传方式互联网化、供货标准分级化；建设农产品品质管理体系，通过产区优质供应商筛选、核心品种分拣分级、统一包装标准、抽检与集中储运等手段，实现杨梅产量信息、品质信息、服务信息在线化。

2. 建立农产品溯源系统

健全"三品一标""一村一品"等基础数据库，记录农产品种植、加工、包装、检测、运输、销售等关键环节的信息，设置系统预警，并通过互联网、手机APP、电话等途径发布信息，增强公众对产品的认可，实现质量可追溯、责任可追查。

导入惠农网自主开发的农产品质量安全溯源平台——真源码，每个包装上标识真源码，利用溯源平台跟踪查询到杨梅的销售单位及采摘区域等信息。政府也可以通过后台查询所有杨梅销售数据，实行精准的补贴与监管，避免外地杨梅浑水摸鱼。

3. 电商培训

构建电子商务平台下的供应链管理模式，保持农产品供需的相对稳定，减少信息不对称，对农产品产销形成稳定预期。开展农村电商培训课程，帮助梅农触网登记，同时协调对接梅农与合作社与采购商之间的需求，实现产销的精准对接。

4. 产销无缝对接

惠农网采购联盟网上采购与线下销售对接会结合，采购商组成的采购联盟在杨梅基地进行了实地考察，在靖州杨梅节等面对面交流的平台上，为当地梅农带去了销售渠道与机会。

5. 通过电商塑造品牌

运用电商平台、新媒体平台拓宽杨梅销路，结合电视媒体、报纸、网络媒体、新媒体及搜索引擎，从文字、图片、视频、声音等方面立体包装。借助摄影大赛、微电影等方式，树立品牌形象、产生持久的品牌效应。从平台搭建系统完整性、平台上线及时性、与线下活动对接时效性、访问量与传播广泛性等方面评估，网上杨梅节平台达到了预期的效果与目标。

6.成果显著

靖州杨梅节产业链服务项目，以"农品上行、产业扶贫"为主题，以"开拓市场，提升品牌"为目标，通过网上商城、开摘仪式、产销对接、电商培训、产地溯源等活动，帮助农户拓宽了营销渠道，提升了杨梅销量，集中展示了靖州优质杨梅产品，提升了靖州杨梅的品牌形象。

靖州县域线上线下销售精品杨梅1.04万吨，实现销售收入6.245亿元；普通杨梅1.8万吨，销售收入0.54亿元；共计销售杨梅2.84万吨，销售收入6.785亿元。移动端、PC端网上杨梅节平台累计访问446.5万人次，累计传播180.6万人次；以"靖州杨梅"为主题的微信推文共计56篇，总阅读量77 077人次，累计传播45 817人次。

伴随着当下消费升级的大趋势，惠农科技在促进农产品生产标准化、提升农产品品牌化及影响力、增强食品安全及溯源能力、促进农产品流通信息化、优化农产品流通环节等方面继续发力，同时在对农产品供应链进行全面升级改造之路上稳步前行。未来，惠农网业务体系将逐步延伸到农业生产技术、农业生产资料、农业金融等其他"三农"领域，致力于缔造农业互联网体系生态圈。

案例二："宋小菜"一年卖菜逾20万吨 生鲜电商黑马3年融资4.5亿元

"宋小菜"年交易量超过20万吨，超过了杭州勾庄农贸市场一年的交易量——这便是生鲜电商领域黑马"宋小菜"2017年的成绩单。在生鲜电商竞争日趋白热化的当下，这家杭州企业异军突起，构建的骨干分销商网络覆盖华北、华中、华东的 45 个城市，交易量同比增长 3 倍多。

"不同于传统的生鲜电商，我们聚焦的是 B2B 业务，一端连接农贸市场里的商贩等终端分销商，聚合大量订单，一端连接上游蔬菜生产者，实现集中采购。""宋小菜"联合创始人张琦表示。用时下最热门的一句话来说，少了中间商赚差价，"宋小菜"让农民和菜贩都得了实惠。

"传统蔬菜买卖的中间商太多，从农民到菜贩最多要'转手'8次。每'转手'一次，就有 15%~50% 的加价，而且蔬菜本身也易损耗。"张琦算了算，"宋小菜"的蔬菜从产地到菜贩手中，只要上下装卸两次，蔬菜损耗率仅为 0.3%，远低于同行。

在"宋小菜"的体系中，农贸市场里的菜贩们无疑是最为重要的骨干力量之一。"宋小菜"从他们手中获取订单，越过中间环节，直接向上游生产商下单。据悉，"宋小菜"在上游有过合作的供货商达到数千家，其中核心供应商也多达三四百家；在下游则供应数万中小零批商贩，每天 90% 以上的交易量都是从生产基地直接发到下游客户手中。

同时，"宋小菜"通过精细化的定义，努力在大宗蔬菜品类中实现标准化、商品化供应。"宋小菜"已经对 2 700 多个品类单位的蔬菜特性进行了穷举分类，更好地指导上游生产，方便下游选购。以土豆为例，商贩在"宋小菜"的 APP 上下订单时，需选择土豆的个头大小、外皮颜色、肉质粉或脆、红心黄心或是白心等特性，明确了分级和定装规范。

得益于此，"宋小菜"核心蔬菜品类在许多城市的渗透率节节攀升。张琦说，以上海市场为例，高峰期"宋小菜"供应的土豆占了总量的 10%~20%、洋葱约占 20%、蒜薹和蒜头占 30%~40%。在浙江，"宋小菜"一年供应的蒜类蔬菜占浙江百姓消耗量的 50% 左右，相当于全浙江人民每吃两颗大蒜中有一颗就来自"宋小菜"。

"我们常说，吨位决定地位。'宋小菜'如今在下游集合订单能力越来越强，对上游生产的影响力也越来越大。"安徽人胡宗龙这样说道。他原先是一个在上海做土豆批发生意的商贩，原来要在自己基地和销地两地跑，因与"宋小菜"合作，他如今回到了安徽老家专心经营自己家的土豆生产基地。他将下游的订单整合交给了"宋小菜"，自己在安徽流转土地数千亩，组织当地农户按照"宋小菜"的订单要求生产。如今，在"宋小菜"的供货体系中，胡宗龙这样从下游转向上游的经纪人越来越多。

"宋小菜"的发展正引来了不少资本的关注。获得 2.3 亿元 B1 轮融资，普洛斯投资领投，IDG 资本、经纬中国、普华资本、指数资本等跟投，累计获得融资 4.5 亿元。

第二节　农产品电子商务 B2C 模式分析

农产品 B2C 电子商务模式是指农产品经纪人、批发商、零售商通过网上平台销售农产品给消费者，或专业的垂直电商直接到农户采购，然后卖给消费者的行为。

一、农产品电子商务 B2C 模式的分类
1.根据经营形式的不同分类
根据农产品电子商务经营形式的不同，农产品电子商务 B2C 模

式大致可分为两类：一类是纯 B2C 模式，这种模式的企业本身并不种植、饲养任何产品，所售卖的产品均来自其他品牌商和农场，典型代表是顺丰优选；另一类是"自有农场 +B2C"模式，这类农产品电子商务模式的企业自身会在某地区承包农场，企业亲自种植瓜果蔬菜，饲养鸡鸭牛羊等，然后再通过自己的 B2C 网站直接销售给消费者，因此其所售卖的产品中主要是自己的产品，一般这类网站为了丰富产品，也会整合少量其他农场或品牌商的产品，典型代表是沱沱工社。

2. 根据面向行业范围不同分类

根据农产品电子商务面向行业范围不同分类，农产品电子商务 B2C 模式可分为两种：一种是平台型的 B2C 模式，这种模式所销售的产品一般种类繁多，涉及多种行业，如天猫、京东等；另一种是垂直型的 B2C 模式，这种模式主要专注于销售农产品，如顺丰优选、易果生鲜等。

二、农产品电子商务 B2C 模式的交易流程

农产品 B2C 电子商务交易中的参与方主要有消费者、商户（企业）、银行、认证中心等。下面简要介绍 B2C 模式的交易流程。

1. 注册

消费者在购买产品之前一般需要在购物网站上进行会员注册，这样消费者就可以在平台中查看自己购买的产品的物流信息、售后等相关问题。

2. 浏览搜索商品

消费者在登录商户网站后，可以在搜索栏搜索自己所要购买的产品，也可以在网站中浏览自己所需的商品。

3.选定商品并提交订单

当消费者选定自己想要的商品时，就可以点击"购买"，也可以把商品放入"购物车"。在"购物车"中，消费者可以查看商品的名称、价格数量以及金额总计、优惠券使用情况。也可以在购物车中调整商品的数量，取消某些商品，甚至清空"购物车"，重新选择商品。

4.确认订单信息

消费者选定购物车中的产品后，就可以点击"结算"，进入确认订单信息环节。在这一环节，消费者主要确认收货人信息、配送方式、付款方式、商品清单，以及确认是否需要发票或使用礼品卡、礼券。为了保证商品配送的顺利进行，消费者需要认真核对收货人信息栏中的收货人姓名、地址、联系电话等信息。网站的送货方式主要有3种：普通快递送货上门、加急快递送货上门和特快专递。

在线支付和货到付款是消费者最常用的两种支付方式。如果消费者选择了"在线支付"，则需要先开通网上银行或绑定银行卡，或者选择支付宝、微信等第三方支付平台进行支付。

5.提交订单，完成支付

当订单信息确认无误后，点击"提交订单"，网站将自动生成订单号。如果消费者选择的是网上支付方式，则需要继续进行网上支付操作。

6.商户送货

商户在收到消费者订单后，需要按照消费者付款的时间顺序及时地安排发货，并根据消费者提交的送货信息合理安排配送时间和配送方式。为了提升消费者的购物体验，一些购物平台会要求商家在3~7天完成发货。在此时间段，消费者也可以申请退款，撤销订单的请求。消费者也可通过提交订单后生成的订单号在网站上实时查询订单现状，了解送货进度。另外，如果消费者对此次购买不满意，还可以修改订单，甚至取消订单。

三、农产品电子商务 B2C 模式的盈利模式

农产品电子商务 B2C 模式的盈利模式简单可以归纳为以下几种：

1.收取服务费

B2C 网站一般会向商家收取一定的服务费。B2C 网上商店通过引入联营商的概念，不仅加速了 B2C 电子商务模式的发展，也为网上商店增加了新的利润点。品牌商入驻各大 B2C 网上商店也需要支付一定费用。目前，我国各大 B2C 网上商店收费标准各不相同。

2.实行会员制

会员制按不同的服务范围收取费用，一般有两种方式：按照时间（如按年、季、月）收取固定的会员费；根据实际销售规模按比例收取会员费。一方面，B2C 电子商务平台可以向入驻平台的卖家收取会员费用，进行店铺管理。另一方面，B2C 电子商务平台通过向消费者销售 VIP 会员服务获取利润，当然，消费者成为网站的 VIP 会员后，可以以较低折扣购买该网站的商品。

3.扩大销售量

扩大销售量是 B2C 网上商店盈利的最直接的方式。为了扩大销售量、提升企业的知名度，B2C 网上商店有时会采用低价策略。有些网站会在其首页最醒目处设置特价专区，每天限时推出特价商品，以吸引消费者。在降低价格的同时，也扩大了销售量，获得了丰厚的利润。

第三节　农产品电子商务 C2C 模式分析

C2C 是指个人与个人之间的电子商务，比如一个消费者有一台电脑，通过网络进行交易，把它出售给另外一个消费者，此种交易类型就称为 C2C 电子商务。农产品电子商务 C2C 的运营模式为：C2C 服务提供商构建网络交易中介平台，通过宣传发展会员，农户卖家在此平台上注册会员、开设店铺，买家通过浏览网站寻找自己想要的农产品，双方通过网站提供的交流工具进行协商，达成一致则买家打款给网站提供的第三方支付平台，卖家发货，买家收到货物并查验无误后放款给卖家。

一、收取产品展示费

如果卖家想在 C2C 交易平台上展示其商品，那么就需要向该交易平台支付一定的费用。为了增加消费者的购物体验，吸引消费者的眼球，卖家还需要购买一些设计版面、图片等装饰网店。

二、收取交易服务费

卖家入驻 C2C 交易网站后，在该平台上成功销售出去的订单，平台会按照交易的金额收取一定比例的服务费。

三、收取广告费

C2C 交易平台拥有大量用户，卖家想要获得更多的曝光率，让更多的消费者浏览到自己的商品，C2C 交易平台可以在其页面的显著位置为卖家刊登广告，帮助卖家销售商品。但卖家需要缴纳一定的广告费用，而且根据刊登广告的位置不同，所缴费用也不同。有统计资料显示，除了目的性较强的上网者外，有70%的上网者只是观看一个网站的首页，因此，网站首页的广告铺位和展位都具有很高的商业价值。

四、收取增值服务费

C2C电子商务网站不只是为交易双方提供一个平台，更多的是为双方提供交易服务，尽量满足用户的各种需求。例如，C2C电子商务网站的商品众多，买家想要找到合适的商品并不容易，网站可以推出搜索服务来提高效率。同时，卖家可以通过购买关键字来提高自己的商品在搜索结果中的排名，进而达成更多的交易。此外，卖家还可以通过付费享受店铺设计、店铺推广等多项服务。

第四节　农产品电子商务其他模式分析

一、农产品电子商务 O2O 模式

1.农产品电子商务 O2O 模式的概念

O2O电子商务即 Online 线上网店到 Offline 线下消费，商家通过免费开网店将商家信息、商品信息等展现给消费者，消费者在线上进行筛选服务并支付，线下进行消费验证和消费体验。这样既能极大地满足消费者个性化的需求，也节省了消费者的费用。商家通过网店把信息传播得更快、更远、更广，可以瞬间聚集强大的消费能力。该模式的主要特点是商家和消费者都通过 O2O 电子商务满足了双方

的需要。农产品电子商务O2O模式代表企业有云厨电商、厨易时代等。

2.农产品电子商务O2O模式的优劣势

该模式的优势在于，送货上门十分方便，并且速度很快，能够保证农产品的新鲜度，减少损耗率。这种模式充分利用了手机APP，生鲜电商通过手机APP客户端收到订单信息后，根据消费者定位，依靠门店资源进行短时间的快递上门服务。此外，在支付环节上，O2O模式也可以选择线下货到付款的方式，这样对消费者来说更有保障。缺点在于，对于这种O2O模式的农产品电商来说，前期推广较困难。尤其是在规模扩大上，需要更多的成本，同时扩张速度也会相当缓慢。此外，这种模式还受地域限制，后期扩张较慢。

二、农产品电子商务F2C模式

1.农产品电子商务F2C模式的内涵

F2C称为农场直供模式，即农场到消费者模式，通过网络平台将农产品从原产地直接卖给消费者。这种直销模式中间少了销售商，可以把农产品的价格降低，还可以让消费者对购买的农产品的质量更加放心。农产品电子商务F2C模式，一方面可以有效提高农场主和农民的收入，另一方面可以让消费者以更加优惠的价格获取更高品质的农产品。

2.农产品电子商务F2C模式的优劣势

F2C模式最大的优势就是以强有力的线下产业支撑、有效的全程品控、快速的市场反应，快速建立消费者的信任感。当然该模式也有它的缺点，这种模式一般会受场地和非标准化生产的影响，市场空间有限。

三、农产品电子商务 C2B/C2F 模式

1.农产品电子商务 C2B/C2F 模式的内涵

C2B/C2F 模式，即消费者定制模式，这种模式是根据消费者的需求进行种植农产品，然后再配送到消费者手中。这种模式的运作流程分为四步：第一步，农户要形成规模化种植及饲养；第二步，农户要通过网络平台发布产品的供应信息招募会员；第三步，会员通过网上的会员系统提前预订需要的产品；第四步，待产品生产出来后，农户按照预订需求配送给会员。农产品电子商务 C2B/C2F 模式代表企业有多利农庄等。

2.农产品电子商务 C2B/C2F 模式的优劣势

C2B/C2F 模式是农产品电商市场的理想模式之一，可充分发挥"顾客至上"的优势，提升消费者的购物体验，让消费者体验"私人定制"的 VIP 服务。商家也可以定制化生产，满足消费者的需求，形成口碑效应。同时，可降低商家的经营成本和风险。该模式的缺点在于，受场地和非标准化生产的影响较大。

案例一：海口推行 O2O 果蔬电子商务 优化蔬菜零售模式

海口生鲜农产品生产销售企业积极触网，推行果蔬电子商务，推行"网订店取""网订宅配"和居民区"智能菜箱"的做法。

从海南省海口市商务局了解到，该局着力于蔬菜生产供应市场的拓展和衔接，科学优化蔬菜流通格局，优化蔬菜零售模式，推行O2O 果蔬电子商务，促使蔬菜流通环节减少，稳定蔬菜价格。

1.海口优化蔬菜零售模式

海口市商务局负责人介绍，今年该局在继续扶持壮大四个公益性蔬菜批发市场的同时，优化农贸市场蔬菜传统零售模式。对现有便民平价流动菜车项目进行整顿优化，规范运营企业的经营管理行为，与便民平价菜店、便民平价专区和便民平价摊位一道，发挥流动菜车项目在缓解广大市民"买菜难"和"买菜贵"问题上的作用。

自2019年9月21日起，该局牵头探索设立12个便民平价流动蔬菜网点，布设在现有农贸市场空白、居民密集的区域，通过直供、直配、直销的模式，指导并扶持有资质的蔬菜购销企业投入试运营，通过市场指导价销售，按照低于农贸市场蔬菜均价的10%~25%进行销售，受到市民的欢迎。通过投放经过专业改装的全民平价流动菜车，采取一车一点的布点方式，实行统一管理、统一采购、统一价格的模式，减少中间流通环节，并由政府调控价格，设置最高限价，使广大市民能方便地买到实惠、放心的蔬菜。

该局还增加农贸市场和鲜活农产品直供直销门店的网点布设。在江东、西海岸的城南区域，已经建设及正在规划5家农贸市场，促使农贸市场布局更加优化，覆盖人群更广；正在城区建设20个鲜活农产品直供直销门店，基地＋配送中心＋门店一体化的直供直销门店运营模式，促使蔬菜流通环节减少，切实降低了流通成本，为市民提供实惠。

2.推行O2O果蔬电子商务

以推进国家城市共同配送试点项目为契机，海口市大力推行O2O果蔬电子商务。据了解，海口市已经启动国家城市共同配送试点项目一期工程建设，建立一批重点物流园区分拨中心、公共及专业配送中心、城市末端配送网点项目，完善物流信息平台，为生鲜食品配送提供有力保障。目前，有5家生鲜农产品生产销售企业正在市商务局的引导下积极触网，推行果蔬电子商务，通过"网订店取""网订宅配"和居民区"智能菜箱"的做法，通过信息化、智能化手段，实现集约采购、集中配送、网络交易、店取宅配、社区自提的果蔬流通销售新模式，让市民不出门就可以买到优质放心价廉的果蔬。

为了减少本地农民种植果蔬的品种、时间、面积、产量的盲目性，避免出现大面积滞销和产量过剩伤农现象，该局加快建设海口果品蔬菜生产流通监测调控预警系统。收集昆明、广州等传统海口蔬菜市场的批发供应地或者生产地的产量、价格等信息，并与当地果蔬协会建立紧密的联系协作机制，在淡季或者灾害天气导致本地蔬菜供应不足价格飞涨时，组织调动增加供应，稳定菜价。同时在本地果蔬生产过量、供过于求时，提前预警，对销地市场进行研判，指导菜农、合作社和生产基地企业，组织运销商外调缓解问题。

案例二：中国绿谷网

中国绿谷网是国内大型的农产品 B2B2C 电子交易平台，涵盖了农产品上中下游所有的流通环节，为农产品上中下游所有的基地、商家及消费者提供"公平、公正、公开"的网上交易，是集农产品供求信息发布、网上洽谈、网上交易（现货挂牌交易、现货竞价及拍卖交易、现货交收、电子合同等）、货代系统、物流系统、风控系统、银行结算系统等于一体的大型农产品电子交易平台。以"让天下农民笑起来"为发展理念，以"聚集两湖、给养中国、通汇天下"为经营宗旨，以"有机、绿色、环保、安全"为市场准则，积极投身现代农业发展。

1.农产品信息发布平台

上游：以全国各地农产品种植基地的产品信息为主，兼顾"两湖绿谷"生产基地的产品信息。下游：具有信誉和电子商务能力的社会组织或个人（农产品批发商、党政机关、高等院校、工业园区、大型社区、农产品加工企业、大型超市等）。以"两湖绿谷"品牌为依托，通过战略合作，在全国大力发展农产品种植基地，不断挖掘新的、具有发展性的新农产品种植基地，持续提高农产品信息的质量。

2.农产品网上交易平台

终端点对点配送：上游立足于全国与"两湖绿谷"战略合作的种植基地，下游定位于全国各地的大中院校、工业园区、党政机关食堂等农产品日需求量较大的单位，通过压缩中间环节，以价格和品质优势实现从种植基地到食堂的点对点的直接、就近、快速配送。

集团对集团大宗交易：上游立足于全国与"两湖绿谷"战略合作的生产基地，下游定位于一级批发市场的大型商户或生产企业，进行集团到集团的大宗农产品交易。

"两湖绿谷"品牌产品分销：上游立足于全国与"两湖绿谷"合作的种植基地或湖北当地的名特优农产品中小企业，以"两湖绿谷"进行分拣、包装、贴牌或深加工，下游定位于各地区的中大型代理商。关键点在于线下终端的有效开发；配送品种的合理选择；种植基地配送能力或是否能找到各个区域的配送合作商；质量、物流、结算的流程控制。

3.物流信息发布平台

上游：除发布"两湖绿谷"全国物流配送信息外，发布全国各地农产品种植基地或大型商户的物流配送信息。下游：全国各地靠近种植基地或配送区域的物流公司和货车司机。关键点：上游社会性信息如何有效收集和发布；物流公司和货车司机如何以更便捷的方式接收；如何对物流服务质量进行控制；如何进行物流费用结算等。

4.营销体系

营销体系采用线上营销模式与线下营销模式相结合。线上营销主要是品牌推广、市场宣传推广、网络推广、网络联盟、网络广告等；线下营销全国市场采用大区制管理，到全国各地去招商，包括供应商、批发商、采购商。为生产商找客户，为采购商找货源，为买卖双方找物流，为客户创造价值。"抓住机遇，迎接挑战"，致力于把中国绿谷网打造成中国乃至世界知名的农产品网上交易品牌。

本章首先介绍了农产品电子商务的 B2B 模式的分类、交易流程和盈利模式；其次介绍了农产品电子商务 B2C 模式的分类、交易流程和盈利模式；再次介绍了农产品电子商务 C2C 运营模式；最后介绍了农产品电子商务其他的运营模式（O2O 模式、F2C 模式、C2B/C2F 模式）。

第四章
农产品电子商务物流

　　互联网时代电子商务的普及应用，给全球物流带来了新的发展，使物流及快递业务具备了一系列新特点。在电子商务环境下，由于全球经济的一体化趋势，当前的物流业正向全球化、信息化、网络化、自动一体化发展。但是总体来看，由于受我国经济发展的水平和许多影响物流产业健康发展因素的制约，目前我国物流产业的总体规模还比较小，发展水平也比较低。

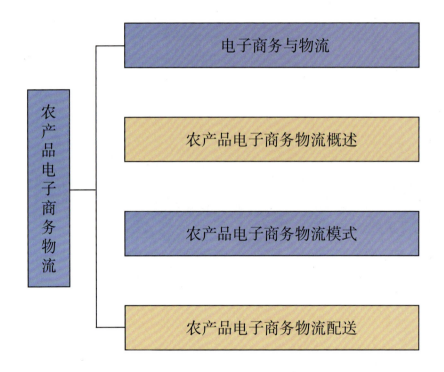

第一节　电子商务与物流

电子商务的发展对物流提出了更高的要求，尤其是农产品物流的上行，这在客观上促进了物流的发展。一方面，电子商务所代表的新的信息技术直接作用于物流活动，提高了物流运作的水平。另一方面，物流的发展为农产品电子商务的发展创造了条件，这一点在现实的电子商务实施过程中表现得尤为突出。

一、电子商务与物流的关系

物流是一种常见的经济活动，随着电子商务的发展与应用，物流越来越受到人们的关注和重视，各种类型的物流企业如物流公司、配送中心等也如雨后春笋般大量涌现。

那么何谓"物流"呢？首先要从商品流通谈起，商品流通是指商品或服务从生产领域向消费领域的转移过程，是介于生产和消费之间的、克服生产与消费之间距离的活动，相对于商业的概念而言，商品流通的概念有了很大延展，由过去的行业的概念上升为产业的概念，并成为第三产业的基础产业和主导构成部分，包括交通运输业、邮电通信业、国内商业、对外贸易业、饮食业、物资供销业、仓储业等。GB/T 18354—2006《物流术语》中把物流定义为物品从供应地向接收地的实体流动过程，根据实际需要，将运输、储存、装卸、搬运、包装、流通加工、配送、信息处理等基本功能有机结合。

所谓经济活动是一个生产和消费的总的体系，基本上由生产和消费两种功能构成。而在生产与消费之间，存在着社会间隔、场所间隔和时间间隔，随着经济的发展，社会分工越来越细，这种间隔也逐渐增大。正是流通将生产和消费之间的这些社会的、场所的和时间的间隔联系起来。在商品流通过程中，需要不断地完成由商品到货币和货币到商品的变化，这种变化既涉及商品价值形态的转换、商品所有权的转移，又涉及商品实体的位置移动等。在电子商务活动中，商品通过买卖活动而发生的价值形态变化和所有权的转移，称作商品的价值转换，简称商流；在商品流通过程中，商品实体在空间位置上的移动和在流通领域内的停滞，称作商品的实体运动，简称物流；在商品流通中，信用证、汇票、现金等，在各个交易方之间的流动，简称资金流；在商品流通中，所有信息的流动过程，简称信息流，以上活动形成了商品流通活动的框架。这其中，商流是物流的先导，物流是商流的物质基础，两者相辅相成，缺一不可。商流对物流有决定性的作用，物流也反作用于商流。物流搞好了，就能促进商流的发展；反之，就会使商流处于中断或瘫痪状态。尽管物流与商流的关系非常密切，但它们各自具有不同的活动内容和规律。在现实经济生活中，进行商品交易活动的地点，往往不是商品实物流通的最佳路线的必经之处。商流一般要经过一定的经营环节来进行业务活动，而物流则不受经营环节的限制，它可以根据商品的种类、数量、交货要求、运输条件等，使商品尽可能由产地通过最少环节、以最短的运输路线、按时保质地送到用户手中，以达到降低物流费用、提高经济效益的目的。在合理组织流通活动中，实行商物分离的原则是提高社会经济效益的客观需要，也是企业现代化发展的需要。

（一）物流在电子商务中的作用

1.物流是电子商务的重要组成部分

电子商务概念最早是在美国提出的，而美国的物流管理技术自1915年发展至今已有百年的历史，通过利用各种机械化、自动化工具及计算机和网络通信设备日趋完善。可见，美国在定义电子商务概念之初，就有强大的现代化物流作为支持，只需将电子商务与其进行对接即可。因此，许多美国的IT厂商往往把电子商务定位于"无纸贸易"，主要涉及信息流和资金流的电子化，而没有提到物流。中国作为一个发展中国家，物流业起步晚、水平低，在引进电子商务时，并不具备能够支持电子商务活动的现代化物流，所以在引入时，一定要注意配备相应的支持技术——现代化的物流模式，否则电子商务活动难以推广。因此，中国一些专家在定义电子商务时，已经注意到将国外的定义与中国的现状相结合，扩大了美国IT企业定义的电子商务的范围，提出了包括物流电子化过程的电子商务定义。在这一类电子商务定义中，电子化的对象是整个交易过程，不仅包括信息流、资金流，而且还包括物流；电子化的工具不仅指计算机和网络通信技术，还包括叉车、自动导向车、机械手臂等自动化工具。可见，从根本上来说，物流电子化是电子商务的组成部分，缺少了现代化的物流过程，电子商务过程就不完整。

2.物流是电子商务概念模型的基本要素

电子商务中的任何一笔交易都包含几种基本的"流"，即信息流、商流、资金流、物流。在电子商务中，信息流、商流和资金流的处理都可以通过计算机和网络通信设备实现。对于少数商品和服务来说，可以直接通过网络传输的方式进行配送，如各种电子出版物、信息咨询服务、有价信息软件等。而对于大多数商品和服务来说，仍要经由物流方式传输，但由于一系列机械化、自动化工具的应用，利用准确、及时的物流信息对物流过程进行监控，将使物流的速度加快、准确率提高，能有效地减少库存，缩短生产周期。因此，物流是电子商务概念模型不可或缺的要素之一。

3.物流是实现以"顾客为中心"理念的根本保证

没有物流，生产就无法进行，社会交换就不能顺畅地开展。没有良好的物流服务，"以顾客为中心"只能是一句空话。物流是电子商务重要的组成部分，发展电子商务必须摒弃原有的"重信息流、商流和资金流的电子化，而忽视物流电子化"的观念，大力发展现代化物流。

4.物流对电子商务发展的促进作用

随着电子商务的不断发展，物流发展的重要性日益凸显。物流对电子商务可以起到如下作用：提高电子商务的效率与效益；协调电子商务的目标；扩大电子商务的市场范围；实现基于电子商务的供应链集成；集成电子商务中的信息流、商流与资金流；支持电子商务的快速发展；促使电子商务成为21世纪最具竞争力的商务形式。

（二）电子商务对物流的影响

1.电子商务对物流的促进

电子商务作为一种新兴的商务活动，为物流创造了一个虚拟的运动空间。在电子商务环境下，人们进行物流活动时，物流的各种职能及功能可以通过虚拟化的方式表现出来。在这种虚拟化的过程中，人们可以通过各种组合方式寻求物流的合理化，使商品在实际运动过程中效率最高、费用最省、距离最短、时间最少。

2.电子商务改变物流的运作方式

电子商务可使物流实现网络的实时控制。在电子商务中，物流的运作以信息为中心，这区别于传统物流运作以商流为中心。在实际运作中，通过网上的信息传递，可以实现对物流的实时控制，实现物流合理化。另外，网络对物流的实时控制是基于整体物流来实现的。

3.电子商务改变物流企业的经营状态

电子商务改变了物流企业对物流的组织和管理。企业在组织物流的过程中，不仅要考虑本企业的物流组织和管理，还要考虑全社会的整体系统。这样，电子商务也改变了企业的竞争状态，在电商时代，要求物流企业联合起来，在竞争中形成一种协同效应，以实现物流高效化、合理化、系统化。

除此之外，电子商务也促进了物流基础设施的改善、物流技术的进步以及物流管理水平的提高。综上所述，电子商务的出现给物流企业的发展带来了新的空间。

二、电子商务环境下现代物流的特点

电子商务时代的来临给全球物流带来了新的发展，使物流具备了一系列新特点。

（一）信息化

电子商务时代，物流信息化是电子商务的必然要求，物流信息化表现为物流信息收集的代码化、物流信息处理的电子化、物流信息传递的标准化和实时化、物流信息存储的数字化以及物流信息自身的商品化等。因此，条码技术、数据库技术（DB）、电子订货系统（EOS）、电子数据交换（EDI）、快速反应（QR）及有效的客户反应（ECR），企业资源计划（ERP）等技术与观念在我国的物流中将会得到普遍的应用，信息化是一切的基础，没有物流的信息化，任何先进的技术设备都不可能应用于物流领域，信息技术及计算机技术在物流中的应用将会彻底改变世界物流的面貌，如图4-1所示。

图 4-1　物流信息化模式

（二）自动化

自动化的基础是信息化，自动化的核心是机电一体化，自动化的外在表现是无人化，自动化的效果是省力化。另外，它还可以扩大物流作业能力、提高劳动生产率、减少物流作业的差错等。物流自动化的设施非常多，如条码、语音、射频自动识别系统，自动分拣系统，自动存取系统，自动导向车，货物自动跟踪系统等。物流自动化拣货设备如图 4-2 所示。

（三）网络化

物流领域网络化的基础也是信息化，这里的网络化有两层含义：一是配送系统的计算机通信网络，包括配送中心与供应商或制造商的联系要通过计算机网络，另外，与下游顾客之间的联系也要通过

图 4-2　自动化拣货设备

计算机网络，比如配送中心向供应商提出订单这个过程，就可以使用计算机通信方式，借助增值网上的电子订货系统和电子数据交换技术来自动实现，配送中心通过计算机网络收集下游客户的订货的过程也可以自动完成。二是组织的网络化，即所谓的组织内部网。比如，我国台湾的电脑业在 20 世纪 90 年代创造出了"全球运筹式产销模式"，这种模式的基本特点是按照客户订单组织生产，生产采取分散形式，即将全世界的电脑资源都利用起来，采取外包的形式将一台电脑的所有零部件、元器件和芯片外包给世界各地的制造商去生产，然后通过全球的物流网络将这些零部件、元器件和芯片发往同一个配送中心进行组装，由该配送中心将组装的电脑迅速发给客户。这一过程需要有高效的物流网络提供支持，当然物流网络的基础是信息和电脑网络。百驿平台物流网络化如图 4-3 所示。

（四）智能化

智能化是物流自动化、信息化的一种高层次应用，物流作业过

图 4-3 百驿平台物流网络化

程中大量的运筹和决策，如库存水平的确定、运输（搬运）路径的选择、自动导向车的运行轨迹和作业控制、自动分拣机的运行、配选中心经营管理的决策支持等都需要借助大量的知识才能实现。在物流自动化的进程中，物流智能化是不可回避的技术难题，好在专家系统、机器人等相关技术在国际上已经有比较成熟的研究成果，为了提高物流现代化的水平，物流的智能化成为电子商务时代物流发展的一个新趋势。智能机器人搬运货架如图 4-4 所示。

图 4-4 智能机器人搬运货架

（五）柔性化

柔性化本来是为实现"以顾客为中心"的理念而在生产领域提出的，但要真正地根据消费者需求的变化来灵活调节生产工艺，没有配套的柔性化的物流系统是不可能实现的。20世纪90年代，国际生产领域纷纷推出柔性制造系统、计算机集成制造系统、资源制造计划、企业资源计划以及供应链管理的概念和技术，这些概念和技术的实质是将生产、流通进行集成，根据需求端的需求组织生产、安排物流活动。因此，柔性化的物流正是适应生产、流通与消费的需求而发展起来的一种新型物流模式。这就要求配送中心根据消费需求"多品种，小批量，多批次，短周期"的特色，灵活组织和实施物流作业。另外，物流设施、商品包装的标准化，物流的社会化、共同化也都是电子商务时代物流模式的新特点。

三、电子商务物流的服务

电子商务与传统商务就实现商品销售的本质来讲并无区别，物流是实现销售过程的最终环节，但由于采用不同形式，一部分特殊服务变得格外重要，因此为了提升服务的满意度，企业需要进行服务系统设计与活动，即所谓的服务流。服务流泛指所有服务企业对其所提供的服务活动的规划、设计与执行。此外，商业现代化中的服务流还包括企业与企业间的交流、企业与顾客间的互动以及企业与员工间的协调等。服务流具有以下几个特点：无形性、不可分割性、变动性、易逝性。概括起来，电子商务的物流服务内容可以分为两个方面：基本服务和增值服务。

（一）电子商务物流的基本服务

电子商务物流活动的基本服务，通过对电子商务物流各服务的有机结合,形成物流的总体服务,进而实现电子商务物流的经济目标。其基本物流服务由运输、仓储、包装、装卸搬运、流通加工、配送与配送中心及物流信息构成。

1.运输服务

GB/T 18354—2006 对运输的定义：用专用运输设备将物品从一地点向另一地点运送。其中包括集货、分配、搬运、中转、装入、卸下、分散等一系列操作。运输的任务是对物质进行较长距离的空间移动。因此，运输是物流的主要功能要素之一，运输是社会物质生产的必要条件之一，运输可以创选"场所效用"，运输是"第三利润源"的主要源泉。运输的方式一般有空运、海运、铁路运输、公路运输和管道运输，如图 4-5 所示。

图 4-5　多样化的运输方式

2.仓储服务

仓储就是在特定的场所对物品进行保存及对其数量进行管理控制的活动。其目的是克服产品生产与消费在时间上的差异，使物资产生时间效果，以实现其使用价值。

3.包装服务

包装是为了维持产品状态、方便储运、促进销售，采用适当的材料、容器，使用一定的技术方法，对物品包封并予以适当的装潢和标识的操作活动。包装是生产的终点，同时又是物流的起点，它在很大程度上制约物流系统的运行状况，因此包装在物流系统中具有十分重要的作用。包装大体可划分为两类：一类是工业包装，或称运输包装、大包装，此类包装（图4-6）的目的是便于装卸、保管和保质保量。工业发达的国家往往在产品设计阶段就考虑包装的合理性，装卸和运输的便利性、效率性等。另一类是商业包装，或称销售包装，此类包装的目的主要是促进销售，以此有利于宣传，吸引消费者购买。

图 4-6　运输包装

4.装卸搬运服务

装卸搬运是指在同一地域范围进行的，以改变物品的存放状态和空间位置为主要内容和目的的活动。它是物流各个作业环节连接成一体的接口，是运输、保管、包装等物流作业得以顺利实现的根本保证。因此，装卸搬运的合理化，对缩短生产周期、降低生产过程的物流费用、加快物流速度、降低物流费用等多个方面都有着重要作用。

5.流通加工服务

流通加工是在流通过程中，根据客户的要求和物流的需要，改变或部分改变商品形态的一种生产性加工活动。流通加工是产品从生产到消费之间的一种增值活动，是流通中的一种特殊形式，它可以节约材料、提高成品率、保证供货质量、提高物流效率，更好地为用户服务。

6.配送服务

配送是指在经济合理范围内，根据客户要求对物品进行拣送、加工、包装、分割、组配等作业，并按时送达指定地点的物流活动。从物流角度来说，配送几乎包括了所有物流功能要素，是物流的一个缩影或在较小范围内物流全部活动的体现。一般的配送集装卸、包装、保管、运输于一体，通过一系列活动完成将物品送达客户的目的，特殊的配送则还要以加工活动为支撑，所以配送包括的内容十分广泛。

7.信息服务

物品从生产到消费过程中的运输数量和品种、库存数量和品种、装卸质量和速度、包装形态和破损率等都是影响物流活动质量和效率的信息。没有各物流环节信息的通畅和及时供给，就没有物流活动的时间效率和管理效率，也就失去了物流的整体效率。所以，物流信息功能是物流活动顺畅进行的保障，也是物流活动取得高效率的前提。

（二）电子商务物流的增值服务

增值服务主要包括增加便利性的服务、加快反应速度的服务、降低成本的服务、延伸服务等。

1.增加便利性的服务

一切能够简化手续、简化操作的服务都是增值服务。在提供电子商务的物流服务时，推行一条龙、门到门服务，提供完备的操作或作业提示，免培训，免维护，省力化设计或安装，代办业务，一张面孔接待客户，24小时营业，自动订货，传递信息和转账，物流全过程追踪等都是对电子商务有用的增值服务。

2.加快反应速度的服务

快速反应已经成为物流发展的动力之一。传统的观点将快速反应视作快速运输，但在需求方对速度的要求越来越高的情况下，必须采用其他的办法来提高反应速度。目前加快反应速度最主要的办法也是具有重大推广价值的增值性物流服务方案，应该是优化电子商务系统的配送中心、物流中心网络，重新设计适合电子商务的流通渠道，以此减少物流环节，简化物流过程，提高物流系统的反应性能。

3.降低成本的服务

在电子商务发展的前期，物流成本会居高不下，有些企业可能会因为承受不了这种高成本而退出电子商务领域，或者是选择性地将电子商务的物流服务外包出去。因此，发展电子商务，一开始就应该寻找能够降低物流成本的物流方案，企业可以考虑的方案有：制订物流共同化计划，同时，如果具有一定的规模，比如，亚马逊这样的具有一定销售量的电子商务企业,可以通过采用比较适用的、投资比较少的物流技术和设施设备，或推行物流管理技术，如运筹学中的管理技术、单品管理技术、条形码技术和信息技术等，来提高物流的效率和效益，降低物流成本。

4.延伸服务

延伸服务向上可以延伸到市场调查与预测、采购及订单处理；向下可以延伸到配送、物流咨询、物流方案的选择与规划、库存控制决策建议、货款回收与结算、教育与培训、物流系统设计与规划方案的制作等。关于结算功能，物流结算不仅仅是物流费用的结算，在从事代理、配运的情况下，物流服务商还要替货主和收货人结算货款等。关于需求预测服务，物流服务商应该根据物流中心商品进货、出货信息来预测未来一段时间内的商品进出库量，进而预测市场对商品的需求，以指导订货。关于物流系统设计咨询服务，第三方物流服务商要充当电子商务经营者的物流专家，为电子商务经营者设计物流系统，替它选择和评价运输商、仓储商及其他物流服务供应商，国内有些专业物流公司正在进行这项尝试。以上这些延伸服务最具有增值性，但也是最难提供的服务，能否提供此类增值服务成为衡量一个物流企业是否具有竞争力的标准。

第二节　农产品电子商务物流概述

近几年，农产品滞销问题得以改善，但仍然存在。据统计，我国每年农产品流通交易仍然主要由传统线下农批市场完成，占70%以上，线上电商渠道只占很少数一部分，主要运力还是以个体司机为主，比较散乱。随着农产品电商的发展，农产品对第三方物流的需求越来越大，物流企业仍然有入局分食蛋糕的机会。

一、农产品物流概述

（一）农产品物流的概念

农产品电子商务物流是指为了满足用户需求，实现农产品价值而进行的农产品物质实体及相关信息从生产者到消费者之间的物理性空间位移的经济活动。一般来说，农产品物流包括农产品生产、采购、储存、运输、装卸、搬运、配送、包装、流通加工、信息处理等一系列活动，并且在这一过程中实现了农产品价值增值和特定组织的利润目标。按物流环节可以将农产品电商物流分为三块：采购端、运输端以及仓储节点端。

1.采购端

在采购端，农产品电商一般有三种采购方式：自主种植、产地直采或向批发商、经销商采购。

（1）自主种植　沱沱工社、多利农庄等企业利用自身种植技术优势通过自主种植农产品，保证农产品质量，最大限度降低了采购成本，但种植成本较高。

（2）产地直采　随着国家扶贫计划，大部分农产品电商平台企业深入贫困的生产地区，直接进行采购。第一时间采摘可以保证较高的采购质量与较低的采购成本，但同时有品质不统一、价格不稳定的缺点。

（3）向批发商、经销商采购　经过农产品批发市场以及经销环节，农产品的价格方面略有提升。一些中小电商平台在渠道方面比较薄弱，只能降低自己的利润，向批发商、经销商采购农产品。这种方式无法保证农产品的品质，通常只能满足部分区域的农产品供求。

2.运输端

农产品运输的需求方主要是产地以外的大型批发商，产地经纪人或农户一般不会负责运力的组织和装卸。由于农产品运量较大，一般对整车的需求较高，其次是零担、快递。大部分农产品通过整车运输，一般发生在批发商到经销商或零售商的干线运输，以及平台集采直发阶段。在末端配送环节中，主要以快递为主。根据行业电话调研得知，在整个农产品运输运力构成中，信息部占47%，居最高，个体司机占30.4%，车队及专线仅占11%和9.6%。农产品运输市场比较散乱，存在客户自行找车的问题，并且由于农产品销售半径限制，全网企业仅占1.4%。

3.仓储节点端

（1）仓储需求　在仓储端，由于大部分农产品具有季节性特征，不同的时间段市场对于农产品的仓储需求不同。上半年以北方市场为主，南方产地仓需求更高一些，北方靠近销地的前置仓需求较大；下半年为西北地区的出货季，其仓储需求较大，在东部地区仓储需求会略有降低。

（2）仓储布局　仓储布局一般以产地仓、销地前置仓以及传统批发商囤货仓为主。大部分企业如苏宁、京东、安鲜达等布局产地仓，将农户的优质农产品采集至产地仓内，进行整车直发至销地；顺丰、圆通、申通则利用自身网络优势采用"销地前置仓＋店配"的模式，将商品以最快的速度送至客户手中。

（二）农产品电子商务物流的分类

根据农产品物流的具体对象不同，农产品物流可划分为以下几类。

1.粮食作物物流

粮食是人类赖以生存的最主要的物质资源，主要用作主食，包括人的口粮、畜牲饲料粮和其他工业用粮。具体有水稻、小麦、玉米、谷子、高粱、大麦、荞麦、大豆、油菜、向日葵、芝麻、花生等。粮食作物物流量大，搞好粮食物流，对促进国民经济健康稳定发展、全面实现小康目标具有重要意义。

2. 经济作物物流

经济作物除满足人们的食用需求外，还是工业尤其是轻工业和食品工业的原料，商品率大大高于粮食作物，物流需求大。具体包括纺织原料，如棉、麻、丝、毛等；轻工业原料，如糖、烟、茶、革等。经济作物物流依经济作物品种进行细分。

3. 鲜活食品物流

鲜活食品主要包括鲜食的猪牛羊肉、禽、蛋、蔬菜、水果等。鲜活食品在储运过程中损失率比较高，对物流技术和装备水平要求也比较高。我国这类食品在物流作业过程中损失率有时高达30%~35%，即有 1/3 的鲜活食品在物流作业中被消耗掉；而发达国家果蔬损失率则可控制在 5% 以内。可见，我国迫切需要提高这类食品的物流技术和装备水平。

4. 畜牧产品物流

畜牧产品不但向人们生活提供肉、蛋、奶等食物，还向轻工、化工、制革、制药工业提供原料，物流需求量大。畜牧产品物流可进一步分为肉类、蛋类、奶类产品物流等。

5. 水产品物流

水产品需求大致来自三方面：一是居民家庭消费；二是水产品加工食品、方便食品、旅游食品、餐饮等社会消费；三是出口。

6. 林产品物流

林产品是重要的工业原料，营林和竹木采伐对物流需求大，主要体现在林产品的运输、装卸搬运等环节上。

其他不能归入上述几类的农产品物流，则统称为其他农产品物流。

（三）农产品电子商务物流的特点

相对于工业品而言，农产品存在着明显不同于工业品的特征。农产品物流在生产过程中受自然条件以及农作物个体生命等因素影响，使其有着区别于其他物流的鲜明特点。

1. 农产品电子商务物流非均衡性

任何农产品都不是同时生产同时消费的，农产品在生产出来以后，总要经过或长或短的一段时间才能进入消费。农产品生产与消费在时间与空间上的不一致性、集中与分散等特点造成了农产品生产的季节性、集中性、区域性和农产品消费的经常性、分散性、广泛性的矛盾，从而导致了农产品物流的非均衡性。

2. 农产品电子商务物流要求高，难度大

农产品的地域性和季节性决定了农产品物流的及时性，而农产品多为植物和动物，又决定了农产品物流的"绿色性"。农产品加工难度大，因此，目前我国农产品主要是以出售初级产品为主，尽管近些年逐步认识到加工增值的重要性，也有少量加工，但由于加工技术落后，加工深度明显不够，农产品附加值较低。在物流过程中要做到不污染、不变质，加大了农产品物流的难度。

3. 农产品电子商务物流种类多，规模大

农产品品种丰富，流通量非常大。包括经济作物（棉花、麻类、蚕桑、茶叶、咖啡、可可等）、粮食作物(谷类、豆类等)、畜牧产品（牛、马、驴、猪、羊、鸡、鸭、鹅、兔、蜂等)、水产品（鱼类、虾蟹类、贝藻类及水产加工品等）、林产品（木本果树、花卉、药材、干果、林特土产品和中药材等）这一系列种类繁多的农产品。

4.农产品电子商务物流的分散性

农产品千家万户小生产与千变万化大市场的矛盾，难以让千家万户小生产方式生产出来的农产品进入物流系统，按消费者的要求到达市场，形成农产品物流系统。各地生产有不同的土特产品，不能互通有无，不同地区同类农产品的生产有集中或分散，多余或匮乏，需要长短互补。不仅如此，农产品信息网络的不健全也导致了农产品物流信息的分散、极不对称。

二、农产品电子商务物流和一般物流的区别

电子商务的特殊性以及生鲜农产品易腐烂的自然属性，决定了电子商务环境下的农产品物流有不同于一般物流的特点，主要体现在以下几个方面。

1.首要保证农产品的质量

在网上买蔬菜、水果等生鲜农产品，等于改变了人们过往去菜市场亲自挑选购买的消费习惯，这就需要消费者信任网上销售的农产品。农产品生产方式的多样性和农产品的自然属性及社会属性不同导致了农村物流方式的多样性，具体来说，农产品生产主要是指农、林、牧、副、渔等方面，服务涉及面较广，生产技术的要求也更高。农产品的种植技术与栽培方式也具有复杂性，养殖业的方式与水平也不平衡，既存在现代化的大棚技术与园林化生产，也有原始的畜力生产模式，所以，最重要的就是保证农产品的质量。从农产品种植到最终送到消费者手中，在这整个供应链环节中，采用全面的农产品质量管理体系，保证农产品质量的可监控状态并予以记录，另外采用一定的技术，如 RFID 技术来保证产品的可回溯性，做到让消费者放心地购买网上的生鲜农产品。

2.对物流成本的变化更加敏感

电子商务企业通常会在网站日常的运行和维护上花销不菲，因此要保持盈利，就会在其他成本尤其是物流成本上严格控制，这就造成企业对物流成本的变化更加敏感。农村物流主要包括农产品上行与工业品下行两条主要发展路径，因此农村物流既需要考虑农村的自然生存条件，又需要考虑农村居民日常消费习惯，这就造就了农村物流对农产品与农副产品的加工、储存、保管、运输等各个过程都存在特殊要求，如保鲜、加工、运输等技术的限制。同时，农村物流的服务对象不仅需要考虑无生命的生产要素，也需要考虑有生命的产品，这些运输品的基本性质决定了农村物流需要更高的配送技术与更优质的配送服务。因此，如何既保证物流服务的质量，又使物流成本最低，就成了企业需要考虑的很重要的问题。虽然电子商务可以缩短农产品流通的链条，减少中间环节，但物流过程仍存在很多复杂的问题，仍然需要企业不断进行创新，优化物流流程，降低物流成本，提高企业运营效益。

3.物流配送要求及时、快速

由于农产品电子商务定位的消费者多生活在城市，平时上班，收货时间有很大的限制性，这样，对生鲜农产品的物流配送提出了很高的要求，这也是令企业头疼的地方。因此，对于生鲜农产品的物流配送就要考虑时间的问题，做到及时配送。并且，由于生鲜农产品易腐烂的特性，还要做到快速配送，在保鲜期内送达给客户，提高客户的满意度。现在的农产品电子商务企业在同城配送中，都已经能做到当天收到订单，当日就把货送到消费者手中。

4.物流配送点比较分散

由于电子商务的客户多为个体家庭，在城市中比较分散，造成配送点多面广，大大增加了配送难度。不像传统的农产品配送模式，由一家大型的食品商贸公司负责向大型的都市和农贸市场进行配送，这些物流节点比较集中，配送自然可以集中完成。电子商务需要在配送中对配送路线进行科学规划，满足客户需求，提高物流效率。另外，生鲜农产品多数易烂易腐，大大增加了配送的难度，这也需要良好的运输工具和技术的支持。

5.对物流设备、技术要求高

农产品物流对于物流设施的要求特别高，其中包括用于保鲜、冷藏和防疫等的物流设备。新鲜是生鲜农产品的生命和价值所在，大量生鲜农产品(如水果、蔬菜和动物性产品)的含水量高，保鲜期短，极易腐烂变质，大大提高了对仓储、包装、运输等环节的技术要求，增加了物流难度。

6.生鲜农产品增值幅度大

将生鲜农产品从生产基地运到配送中心后，在配送中心，企业一般都要对生鲜农产品进行加工处理，包括清洗、切制、包装以及保鲜处理等，这就会增加生鲜农产品的附加值。

7.农村物流的差异性

农村的地域特征与自然条件的差别，决定了各地区农产品的多样性、差异性，以及生产方式和消费方式的差异性，即使是同一产品，在不同地区的生产质量也具有明显的差异。同时，农村各地区经济和物流发展水平也存在明显差异，不仅是东部沿海地区与中西部内陆的差异，还有城乡之间与地区内部的差异。这也导致了农村物流系统与农村物流系统以及其他物流系统之间的承接存在复杂性。

农村物流的差异性，需要农村物流服务的多样性与个体物流服务的专业化，对构建现代农村物流体系提出了更高水平的要求。

三、农产品电子商务物流的设备

农产品在经营中最需要考虑的问题就是如何保鲜，这是农产品特有的。而农产品既有常温就能保存的产品，也有低温才能保鲜的产品，所以，农产品涉及的物流设备既与普通物流有共同之处，也有其独特之处。这在对农产品进行运输配送、储藏保鲜、包装、加工、信息处理等环节所使用的设备中都能体现。

（一）运输与配送设备

1. 敞篷车

在国内，农产品的公路运输仍然大多选择普通货车或者厢式货车。其最大的特点是费用低，装运量大，可以运输对温度要求不高的农产品，但难以保障所运农产品的产品质量。选择敞篷货车时要注意通过包装等方法防颠底、冻害、高温等。

2. 通风隔热车

通风隔热车不安装制冷设备，靠车体良好的隔热性能和气密性能以及货物本身积蓄的冷量来调控车内的温度。其特点是有一定的保温时间，适合冬季运输以及短途公路运输。

3. 冷藏车

冷藏车是通过机器制冷或液氮制冷，调节车内温度的保温车。其特点是保温时间长，温度可通过人工调节，可以进行长途运输，但成本较高。

4. 冷藏集装箱

冷藏集装箱根据制冷设备的安装位置可以分为外置式冷藏集装

箱与内置式冷藏集装箱。外置式冷藏集装箱的特点是故障少，容易维修保养，箱内容积大，自重轻，载货量多，在没有制冷设备的情况下只能起到保温作用。内置式冷藏集装箱的特点是只要有电源供给就可以在任何场所制冷降温,自动控制和调节温度,应用范围广泛,但造价高。

（二）储藏保管设备

1.冷库

部分农产品可以在普通仓库中储藏，但大部分农产品需要在低温环境下储存。低温储藏需要通过人工的方式，调节农产品储藏环境的温度。冷库有机械制冷冷库、气调冷库、减压冷库等。

2.低温陈列柜

低温陈列柜的特点是性能稳定、容量大,增加了商品的展示性,适用商品有乳制品、蔬菜、水果、鲜鱼、鲜肉。

3.不锈钢蔬菜架

不锈钢蔬菜架的原理是通过高压微雾系统加湿降温，主要适用商品有蔬菜、水果。

4.家禽笼

家禽笼是在常温下对活禽进行保管，主要适合活家禽。

5.水产供氧设备

供氧设备中常用的器具包括工业氧气瓶、带减压阀的气压表、塑料软管、配套三通及分头的多管接头、气圈等，主要适合活水产品的储藏运输。

四、农产品电子商务物流信息技术

信息技术的产生和发展及其在商务活动中的应用促成了电子商

务这一新的商业交易模式的诞生和演进。农产品电子商务物流是电子商务物流的行业物流，其发展也离不开信息技术的支持和应用。经实践验证，物流的发展始终离不开两个重要因素，一个是基础设施建设，另一个是基于各种信息技术而搭建的物流信息系统。在现代电子商务物流中，一旦离开了计算机、网络通信、数据库等信息技术的强有力支撑，商务活动和物流活动都将丧失活力。

（一）条码技术

条码技术是在计算机的应用实践中产生和发展起来的自动识别技术，是为实现对信息的自动扫描而设计的数据采集的有效手段。条码技术的应用解决了商品流通中商品数据录入和数据采集的"瓶颈"问题，为物流管理提供了有力的技术支持。它的出现为商品提供了一套完整可靠的代码标识体系，为产、供、销等生产及贸易环节提供了通用的"语言"，为商业数据的自动采集和电子数据交换奠定了基础。条码是由一系列按特定规则排列的条、空及对应字符组成的，用以表示一定信息的符号代码。为了便于人们识别条码所代表的含义，通常在条码下部印有数字、字母或专用符号。条码所包含的信息有对象物的生产国、制造厂商、产地、名称、特性、价格、数量、生产日期等。只要借助光电扫描阅读设备，即可迅速将条码所反映的信息准确无误地输入计算机，并由计算机进行存储、分类排序、统计、打印或显示出来。因此，条码是快速、正确、及时地运行信息流和物流控制的现代化手段。条码的分类很多，常见的码制有国际通用商品条码（EAN 条码）、通用产品条码（UPC 条码）、标准 39 码（code 39）、库德巴条码（codabar 码）、二维码等形式。

（二）RFID 技术

在目前自动识到领域的应用技术中，使用最广泛的是光学技术和无线电技术，条形码属于光学技术的范畴，而无线电技术在自动识别领域中更具体的技术名称为无线射频识别 (Radio Frequency Iden-tification, RFID)。射频识别技术是 20 世纪 90 年代开始兴起的一种利用射频通信实现的接触式自动识别技术，与其他自动识别系统一样，射频识别系统也是由信息载体和信息获取装置组成的，其基本原理是通过特殊射频信号的发射与接收以及相应的数据处理来自动识别目的物。21 世纪初，RFID 标准已经初步形成，有源电子标签、无源电子标签以及半无源电子标签均得到发展，电子标签的成本不断降低，应用规模和行业不断扩大。

RFID 与条形码不同，RFID 存储的信息量大而且可以修改，能读能写，数据加密，可识别高速运动的物体，并能区分出每一个具体商品。此外，它还具有防水、防磁、防高温，使用寿命长，读取距离远等优点。而条形码存储的信息量小，只能近距离操作以识别商品类别。与现有的条形码相比，RFID 对商品的登记是自动完成的，这大大降低了人工成本。但需要指出的是，RFID 与条形码之间是互补关系而不是替代关系。二者各具特点，各有所长，对于不同的商品和不同的场合，它们各有优势。而 RFID 在商业和物流领域具有更广泛的用途。

（三）GIS 技术

地理信息系统 (Geographic Information System, GIS) 以地理空间数据为基础，采用地理模型分析方法，适时地提供多种空间的、动态的地理信息，是一种为地理研究和地理决策服务的计算机技术系统。通俗地讲，GIS 是全球或部分区域的资源、环境在计算机中的缩影，严格地讲，GIS是在计算机软硬件系统的支持下，对现实世界（资源与环境）的各类空间数据及描述这些空间数据特性的属性进行采集、存储、处理、运算、分析、显示的技术系统。当与互联网及无线通信系统相连时，GIS将在电子商务物流的应用中发挥巨大作用。借助于GIS的位置信息技术，企业能够进一步提高实现电子商务的能力。针对业务在地理信息方面的需求，以业务数据图形化管理和业务机构、业务对象图形化编辑为核心，从客户、产品、业务结构三个管理层实现业务的全面图形化管理。通过客户邮编和详细地址字符串，自动确定客户的地理位置（经纬度）以及客户所在的区站、分站和投递段。通过基于GIS的查询，实现对投递路线的合理编辑（如创建、删除或修改）和客户投递排序。

把GIS技术融入电子商务的物流配送过程中，可以更好地安排物流配送中货物的运输、仓储、装卸、投递等各个环节，并对其中涉及的问题（如运输路线的选择、仓库位置的选择、仓库容量的设置、装卸策略的制定、运输车辆的调度和投递路线的选择等）进行有效的管理和分析，这样才符合现代电子商务物流的要求，有助于物流配运活动有效地利用现有资源，降低消耗，提高效率。实际上，随着电子商务、物流和GIS的发展，GIS技术将成为物流管理中不可缺少的组成部分。

（四）GPS技术

全球定位系统(Global Position System, GPS)是一个利用若干颗导航定位卫星实现卫星导航功能，综合传统天文导航定位和地面无线电导航定位的优点（相当于一个设置在太空中的无线电导航台），可在任何时间、任何地点为用户确定其所在的地理经纬度和海拔的综合系统。

GPS 在物流中的应用体现在对车辆行驶状态的管理和对货物的查询上，只需在每辆长途货车上安装 GPS 接收设备，便可实现实时跟踪、管理记录的功能。运输公司可以通过 GPS 调度中心或互联网了解车辆的工作状态，比如，查看车辆是否按预定路线接送货物，中间有无停车，在哪里停车，停了多少次等。同时，货物的委托方可以通过上网查询及时了解货物运输情况。GPS 的防暴反劫功能将为货主、运输公司提供更多的安全保障，尤其是对贵重物品和特殊物品的运输。GPS 在运输行业的应用日趋完善，这将大大提高货物运输工作的效率，节省管理费用，保护货物及司机的安全。运输公司通过互联网实现对车辆的动态监控式管理和货物的及时合理配载，减少资源浪费，减少费用开销。同时，将有关车辆的信息开放给客户后，既方便了客户的使用，又减少了不必要的环节，提高了运输公司的可信度，拓展了公司业务面，增加了公司的经济效益与社会效益。

相关数据被上传到调度中心，按相应的格式进行处理后得到精确的位置、时间、速度、运行方向等信息，通过成熟的地理信息平台直接体现在调度中心，这样就可以在互联网上实时查看货物信息，掌握货物在途中的状态及运输时间，提前安排货物的接收、停放及销售等环节，从而提高工作效率。

全球通车载电话可以在 GSM 网络覆盖范围内自由通信，方便调度中心及货主实时查询车辆的位置及货物信息。当物流车辆出现被非法侵入或被非法拆除电源等异常情况时，车载终端的报警装置通过控制电路自动将此信息发送到调度中心，直接显示在电子地图上，产生声光提示报警，这有助于对一些不法行为加以制止。调度中心在了解车辆目的的运行状况和所处的地理位置后，对车辆实施远程调度，调度中心可以对车辆的运行设定边界、速度等限制，当车辆超过此限制值时，车载设备将自动向调度中心报警。货主可拨打车载电话，查询车辆位置、行驶方向和速度等实况；或通过互联网方式，经物流中心授权，实时了解货物状况，运输路线及到达目的地的时间。

第三节　农产品电子商务物流模式

物流模式又称物流管理模式，是指从一定的观念出发，根据现实的需要，构建相应的物流管理系统，形成有目的、有方向的物流网络。在电子商务环境下，大致有以下几类物流模式。

一、企业自营物流

（一）企业自营物流概述

企业自营物流模式是指电子商务企业自行组建物流配送系统，经营管理企业的整个物流运作过程。具有雄厚资金实力和较大业务规模的电子商务公司为了满足其成本控制目标和客户服务要求，凭借庞大的连锁分销渠道和零售网络，利用电子商务技术，自行建立适应业务需要的畅通、高效的物流系统，并可向其他的物流服务需求方（例如其他的电子商务公司）提供第三方综合物流服务，以充分利用其物流资源，实现规模效益。京东商城的自营物流是这类模式的典型代表。

京东是中国目前最大的自营式电商企业之一，京东物流是拥有中小件、大件、冷链、B2B、跨境和众包（达达）六大物流网络的企业，凭借这六张大网在全球范围内的覆盖以及大数据、云计算、智能设备的应用，京东物流打造了一个从产品销量分析预测，到入库出库，再到运输配送各个环节无所不包、综合效率最优、算法最科学的智能供应链服务系统。截至2019年6月30日，京东物流运营约600个仓库，23座大型智能化物流中心——"亚洲一号"。仓储总面积超过1500万平方米，其中包括了约250万平方米的云仓面积。京东物流自营配送服务覆盖了我国99%的人口，90%以上的自营订单可以在24小时内送达。

（二）自营物流的特点

自营物流可以使企业对供应链有较强的控制能力，容易与其他业务环节密切配合，使企业的供应链更好地保持协调、简洁与稳定。它的优势主要体现在：①电子商务企业可以通过内部行政权控制商品配送活动，不必为货物配送的佣金问题谈判，从而提高了配送服务的效率，减少了交易费用。②自营物流能控制或避免竞争对手对配送系统的利用，保障企业对客户服务的优先地位。③自营物流的配送系统能与企业的营销活动密切配合，从而提高企业的市场竞争力和品牌价值。

虽然自营物流有以上优势，但由于巨大的资金投入和系统管理需求，以下几点值得注意：①自营物流的高投入对物流体系建立后的业务规模要求较高，大规模才能降低成本，否则会陷入长期不盈利的境地。②自建庞大的物流体系，占用大量流动资金，投资成本较大，时间较长，对企业柔性会有不利影响。③自营物流体系建立后，对工作人员专业化的物流管理能力要求较高。

（三）自营物流的适用条件

自营物流的适用条件主要包括：①业务集中在企业所在城市，

送货方式比较单一。②拥有覆盖面很广的代理、分销、连锁店，而企业业务又集中在其覆盖范围内。③对于一些规模比较大、资金比较雄厚、货物配送量巨大的企业来说，投入资金建立自己的配运系统以掌握物流配送的主动权也是一种战略选择。

二、第三方物流

电子商务的迅速发展对物流服务提出了更高的要求，由于技术先进，配送体系完备，第三方物流成为电子商务物流配运的理想方案之一。除了有实力自建物流体系的大企业之外，更多的中小企业倾向于采用这种模式。

（一）第三方物流的含义

第三方物流是指由物流的实际需求方（第一方）和物流的实际供给方（第二方）之外的第三方部分或全部利用第二方的资源通过合约向第一方提供的物流服务，也称合同物流、契约物流。目前，我国的第三方物流配送模式提供商主要包括一些快递公司(如顺丰、申通、圆通等）和国内邮政体系两种。

第三方物流与传统的外包物流不同，前者只限于一项或一系列分散的物流功能,如运输公司提供运输服务、仓储公司提供仓储服务；而后者则根据合同条款规定而不是根据临时的要求，提供多功能甚至全方位的物流服务，企业之间是联盟关系。

（二）第三方物流的特点

1.关系契约化

第三方物流为客户提供的业务是以契约形式确定的，如业务类型、业务量、时间、地域范围、价格等内容都要在合同中涉及，物流经营者和物流消费者双方通过契约形式来结成优势互补、风险共担、要素双向或多向流动的伙伴，因此第三方物流企业与委托方企业之间是物流联盟的关系。

2.服务个性化

不同的物流消费者存在不同的物流服务要求，第三方物流需要根据不同物流消费者在企业形象、业务流程、产品特征、顾客需求特征、竞争需要等方面的不同要求，提供针对性强的个性化物流服务和增值服务。同时，物流经营者也因为市场竞争、物流资源、物流能力等的影响形成有特色的服务，以增强竞争力。

3.功能专业化

第三方物流企业的核心业务是物流服务，因此，所提供的服务是专业化的物流服务。从物流设计、操作过程、技术标准、物流设施到系统管理必须体现出专业化的水平，这既是物流消费者的需要，也是第三方物流企业自身发展的基本要求。

4.信息网络化

第三方物流以信息技术为基础，信息技术实现了数据在网络上的快速、准确传递，提高了仓库管理、装卸搬运、采购、订货、配送、发运、订单处理的自动化水平，使订货、保管、运输、流通和加工实现一体化。

（三）第三方物流的优势

1.使客户企业集中于主业

日趋激烈的市场竞争使企业越来越难以成为业务上面面俱到的专家，企业要想维持市场竞争优势，出路在于将有限的资源集中于核心业务上，做企业自己最擅长的业务。第三方物流模式下，客户企业把物流环节交给专业物流企业去做，自己则可以把经营重点投入到产品研发、电商平台建立和完善、服务升级等主业上，加大专业业务的深度；而对物流企业来说，既可以拓展服务范围，又可以借此提高自身的信息化程度。从这个角度上来说，第三方物流特别适合那些核心竞争力并非在物流上的企业来选择。

2. 为客户企业提供解决方案或灵活的服务

技术的进步和终端消费者的苛刻需求使得供应商和零售商在物流配送和解决方案上的要求也越来越高，专业的第三方物流企业具备较强的技术创新能力，它们还具备新技术、新设备及强大的网络优势，能够为处于不同行业中千差万别的客户提供满足需求的解决方案，并有针对性地开展灵活的服务。

3. 为客户企业节约成本费用，减少库存

专业的第三方物流服务提供商利用规模优势、专业优势和成本优势，通过提高各环节的资源利用率来帮助生产企业降低运作成本，减少固定资产投资。精心策划的物流计划和配送方案能够最大限度地减少库存，改善企业的现金流量，加速资本周转。

4. 提升客户企业形象

第三方物流企业的利润不仅来源于运费、仓储等直接收入，还来源于与客户企业共同在物流领域创造的新价值。因此，第三方物流与客户企业间是一种战略伙伴关系，为了挖掘利润、创造价值，它会设计出快速响应客户需求、低成本高效率的物流方案，为提升合作伙伴的竞争力和企业形象创造有利条件。

三、物流联盟

（一）物流联盟建立的意义

物流联盟是为了取得比单独从事物流活动更好的效果，企业间形成相互信任、共担风险、共享收益的物流伙伴关系，企业之间不完全采取会导致自身利益最大化的行为，也不完全采取导致共同利益最大化的行为，只是在物流方面通过契约形成优势互补、要素双向或多向流动的中间组织。联盟是动态的，只要合同结束，双方又回到追求自身利益最大化的单独个体。由于单个企业自营物流对企业的资金和物流管理水平要求很高，实力较弱的农业企业一般无法承受，对它们来说，整合物流资源、建立物流联盟不失为更好的物流运作方式。农产品企业物流联盟是指两个或多个涉农企业之间，为了实现自己的物流战略目标，通过各种协议、契约而结成的优势互补、风险共担、利益共享的松散型网络组织。为了获得比单独从事物流更好的效果，物流联盟通过物流契约形成资源互补、要素双向或多向流动的中间组织，它的利益动机介于自身利益最大化和联盟的共同利益最大化之间。联盟呈动态变化，契约关系一旦结束，原来的合作伙伴即又成为追求利益最大化的单独个体。

从经济效益上说，农产品物流联盟对不同角色的成员企业都大有裨益。对拥有物流资产的提供方而言，物流设施一经投入就成为不可回收的沉没成本，且农业物流设备的资产专用性较高，若没有物流的规模效应，农业企业则面临较大的资金占用和资源浪费的困境。物流联盟的建立将专用性资产由"单独占用"变为"共同占用"，有效解决了这一矛盾，提高了企业的资产回报率。对物流服务的需求方来说，它无须进行高额的物流投入，即可从其他成员那里获得过剩的物流能力和先进的管理经验，减少了物流成本和交易成本。一般来说，当企业的物流水平较低时，组建物流联盟将有助于获得物流设施、运输能力和专业管理等方面的资源。而当企业物流水平较高且物流在企业战略中不占据重要地位时，应该寻找其他企业共享资源，获得物流的规模效益。

（二）企业物流联盟的特征

1. 相互依赖

企业物流联盟的效益是建立在成员企业物流资源互补的基础上的，成员企业之间具有很强的依赖性，缺少任何一方的参与都难以获得预期的利益。

2. 分工明确

获得良好的效果，物流联盟成员企业应明确自身在整个物流联盟中的优势所在以及所担当的角色。这种明确的分工使物流供应方能集中精力提供用户需要的物流服务，减少联盟内部的对抗和冲突。

3. 强调合作

物流联盟强调成员企业之间的密切合作。高度成功的物流联盟战略是建立一个信息化的合作平台。"不管要什么，随处可得"正是物流联盟的合作宗旨。对于开展电子商务的农业企业而言，物流联盟能够较好地满足它们跨地区配送及对时效性要求高的特点，帮助它们减少物资投资，降低物流成本，获得管理技巧，提高客户服务水平，取得竞争优势。

四、第四方物流

第四方物流是一个供应链集成商，它调集和管理组织自身的以及具有互补性的服务提供商的资源、能力和技术，以提供一个综合的供应链解决方案。第四方物流的理念虽早已有之，但与实践仍存在一定的距离。但是，第三方物流的快速发展和现代物流技术的广泛应用，为第四方物流的发展提供了商机，使之具有较大的发展潜力。

（一）第四方物流的特点和优势

第四方物流主要是建立在第三方物流的基础上，通过对物流资源、物流设施、物流技术的整合和管理,提出物流全过程的方案设计、实施办法和解决途径,为客户提供全面意义上的供应链解决方案。所以,第四方物流企业虽然必须具备良好的物流行业背景和相关经验,但并不一定要从事具体的物流配送活动,或建设物流基础设施。其关键在于为客户提供最佳的增值服务,即迅速、高效、低成本和个性化的服务等。第四方物流的优势主要体现在以下几个方面。

1. 能对整个供应链及物流系统进行整合规划

第三方物流的优势在于运输、储存、包装、装卸、配送、流通加工等实际的物流业务操作能力,而在综合技能、集成技术、战略规划及全球拓展能力等方面存在局限。第四方物流的核心竞争力就在于其对整个供应链及物流系统进行整合规划的能力,也是降低客户企业物流成本的根本所在。

2. 能对供应链服务商进行资源整合

第四方物流作为有领导力量的物流服务提供商,可以通过其影响整个供应链的能力,整合最优秀的第三方物流服务商、管理咨询服务商、信息技术服务商和电子商务服务商等,为客户企业提供个性化、多样化的供应链解决方案,为其创造超额价值。

3. 强大的信息及服务网络

第四方物流公司的运作主要依靠信息与网络,其强大的信息技术支持能力和广泛的服务网络覆盖支持能力是客户企业开拓国内外市场、降低物流成本所极为看重的,也是取得客户信任、获得大额长期订单的优势所在。

4. 高质量的人才

第四方物流公司拥有大量高素质国际化的物流和供应链管理专业人才和团队,可以为客户企业提供全面的卓越的供应链管理与运作，提供个性化、多样化的供应链解决方案，在解决物流实际业务的同时实施与公司战略相适应的物流发展战略。

（二）第四方物流与第三方物流的关系

第四方物流是在第三方物流的基础上发展起来的，同时在整个物流供应链中，第四方物流是第三方物流的管理和集成者，是在第三方物流整合社会资源的基础上进行再整合的。如果说第三方物流是解决企业物流的关键，那么第四方物流则是解决整个社会物流系统的关键，只有在供应链管理技术成熟、物流与供应链管理人才充裕、企业组织变革管理的能力较好，同时整个物流的基础设施先进、企业规模较大的情况下，第四方物流才能承担起供应链集成商的重任。这要求第四方物流企业至少要满足以下条件：①第四方物流企业不是物流的利益方。②第四方物流企业要有良好的信息共享平台，让物流参与者之间实现信息共享。③第四方物流企业要有足够的供应链管理能力。④第四方物流企业要有区域化甚至全球化的地域覆盖能力和支持能力。

由此可见，第四方物流作为供应链的集成商，是供需双方及第三方物流的领导力量，它专门为第一方、第二方和第三方提供物流规划、物流咨询、物流信息系统、供应链管理等服务，它不仅控制和管理特定的物流服务，而且对整个物流过程提出解决方案，并通过电子商务将这个过程集成起来。

发展第四方物流可以减少物流资本投入，降低资金占用。通过第四方物流，企业可以大大减少在物流设施（如仓库、配送中心、车队、物流服务网点等）方面的资本投入，降低资金占用，提高资金周转速度，减少投资风险。降低库存管理及仓储成本。第四方物流公司通过其卓越的供应链管理和运作能力可以实现供应链

"零库存"的目标，为供应链上的所有企业降低仓储成本。同时，第四方物流大大提高了客户企业的库存管理水平，从而降低库存管理成本。发展第四方物流还可以改善物流服务质量，提升企业形象。

五、物流一体化模式

物流一体化是指以物流系统为核心，由生产企业、物流企业、销售企业直至消费者的供应链整体化和系统化。它是在第三方物流的基础上发展起来的新的物流模式。20世纪90年代，西方发达国家如美国、法国、德国等提出物流一体化现代理论，并应用和指导其物流发展，取得了明显效果。在这种模式下物流企业通过与生产企业建立广泛的代理或买断关系，使产品在有效的供应链内迅速移动，使参与各方的企业都能获益，使整个社会获得明显的经济效益。这种模式还表现为用户之间的广泛交流供应信息，从而起到调剂余缺、合理利用、共享资源的作用。在电子商务时代，这是一种比较完整意义上的物流配送模式，它是物流业发展的高级和成熟的阶段。物流一体化的发展可进一步分为3个层次：物流自身一体化、微观物流一体化和宏观物流一体化。物流自身一体化是指物流系统的观念逐渐确立，运输、仓储和其他物流要素趋向完备，子系统协调运作、系统化发展。微观物流一体化是指市场主体企业将物流提高到企业战略的地位，并且出现了以物流战略作为纽带的企业联盟。宏观物流一体化是指物流业发展到如下水平：物流业占到国家国民总收入的一定比例，处于社会经济生活的主导地位，它使跨国公司从内部职能专业化和国际分工程度的提高中获得规模经济效益。物流一体化是物流产业化的发展形势，它必须以第三方物流充分发育和完善为基础。物流一体化的实质是物流管理的问题，即专业化物流管理人员和技术人员，充分利用专业化物流设备、设施，发挥专业化物流运作的管理经验，以求取得整体最佳的效果。同时，物流一体化的趋势为第三方物流的发展提供了良好的发展环境和巨大的市场需求。

第四节　农产品电子商务物流配送

一、电子商务物流配送的概念

电子商务中的物流配送是指物流配送企业采用网络化的计算机技术和现代化的硬件设备、软件系统及先进的管理手段，针对社会需求，严格、守信地按用户的订货要求，进行一系列的分类、编配、整理、分工、配货等理货工作，定时、定点、定量地交给没有范围限制的各类用户，满足其对商品的需求，即信息化、现代化、社会化的物流配送，也可以说是一种新型的物流配送。其中有一大部分活动是在配送中心完成，配送中心是配送活动的主要承担者，它基本符合下列要求：主要为特定的客户服务，配送功能健全，有完善的信息网络，辐射范围小，多品种、小批量配送，以配送为主，储存为辅。

电子商务物流配送定位在为电子商务的客户提供服务，根据电子商务的特点，使用先进的信息技术，如条码技术、RFID 技术、物流跟踪技术（GPS、GIS）、EDI 技术等，对整个物流配送体系实行统一的信息管理和调度，按照用户订货要求，在物流基地进行理货工作，并将配好的货物送交收货人的一种物流方式。这一先进的、优化的流通方式对流通企业提高服务质量、降低物流成本、优化社会库存配置，从而提高企业的经济效益及社会效益具有重要意义。

二、电子商务物流配送的特征

1. 信息化

通过网络使物流配送信息化。实行信息化管理是新型物流配送的基本特征，也是实现现代化和社会化的前提保证。

2. 网络化

物流网络化有两层含义：一是物流实体网络化，即物流企业、物流设施、交通工具、交通枢纽在地理位置上的合理布局而形成的网络；二是物流信息网络化，即物流企业、制造业、商贸企业、客户等通过互联网等现代信息技术连接而成的信息网。

3. 现代化

电子商务的物流配送必须使用先进的技术设备为销售提供服务，提高配送的反应速度，缩短配送时间。

4. 社会化

社会化程度的高低是区别新型物流配送和传统物流配送的一个重要特征。电子商务下的新型物流配送突破了传统配送中心的局限性，具备真正的社会性。

5. 虚拟性

电子商务物流配送的虚拟性来源于网络的虚拟性。借助现代计算机技术，配送活动已由过去的实体空间拓展到虚拟空间，实体配送活动的各种职能和功能都可以在计算机上模拟，通过各种组合方式，寻求配送的合理化。

6. 实时性

虚拟性的特性不仅有助于决策者获得高效的决策信息支持，还可以实现配送信息的代码化、数据库化。通过建立信息系统和虚拟配送网络，企业可以实现对配送活动的全程实时监控和调整，使实体物流配送活动更加高效与合理。

7. 个性化

个性化配送是电子商务物流配送的重要特性之一。在电子商务环境下，配送企业能够完全按照客户的不同需求做到一对一的配送服务。这一特性开创了传统物流配送的新时代，它不仅使普通的大宗配送业务得到发展，而且还能够适应客户需求多样化的发展趋势和潮流。

8. 增值性

除了传统的分拣、备货、配货、加工、包装、送货等作业以外，电子商务物流配送的功能还向上游延伸到市场调研与预测、采购及订单处理，向下游延伸到物流咨询、物流方案的选择和规划、库存控制决策、物流教育与培训等附加功能，从而为客户提供更多具有增值性的物流服务。

三、电子商务物流配送中心

配送是电子商务中不可缺少的重要经济活动，配送中心是开展配送活动的物质技术基础，是配送活动的主要承担者。配送中心接受供应者所提供的多品种、大批量的货物，通过储存、保管、分拣、配货以及流通加工、信息处理等作业后，将按照订货要求配齐货物，然后送交客户的组织机构和物流设施。

（一）配送中心的功能

配送中心是专门从事货物配送活动的物流基地，主要功能有进货、储存、分拣、配货、配装、送货、流通加工和送达服务。各功能之间的结构关系如图4-7所示。

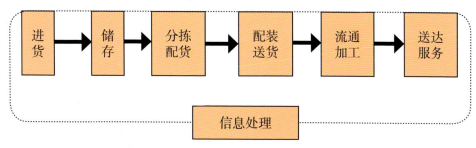

图 4-7　配送中心各功能之间的结构关系

1.进货（备货）

为了满足需求者的多品种、小批量的订货和消费者在任何时间都能买到所需商品的要求，配送中心必须从众多的供应商那里采购大量的、品种齐全的商品，以备齐所需的商品。此项工作称为进货。进货是配送的准备阶段和基础性工作，是决定配送经济效益的重要因素。进货包括筹集货源、订货或购货、筹货以及有关的商品质量检查、结算、交接等工作。配送的优势之一，就是可以集中用户的需求进行一定规模的备货。备货是决定配送成败的初期工作，如果备货成本太高，会大大降低配送的效益。

2.储存

通过配送中心的储存功能，可以有效地分配货源，调节商品生产与消费、进货与销售之间的时间差异，虽然配送中心并不是以储存商品为目的，但是为了保证市场销售的需要，以及配货、流通加工等环节的正常运转，也必须保持一定量的库存。通过配送中心的集中储存和提供的及时配送，客户企业就不需要建立自己的库存或只需保持少量的保险储备，从而实现客户企业的零库存或低库存，大大降低全社会的库存总量，解放大量的储备资金，减少流动资金的占用。同时，集中库存能够形成比单个企业保险库存大得多的保险储备，为客户企业提供的安全系数也大得多。

配送中心的储存有储备和暂存两种形式。储备是按一定时期内配送经营的需要，形成的对配送资源的保证，这种类型的储存储备数量大、结构完善、品种齐全、时间相对较长。暂存是在具体执行配送计划时，根据分拣、配货的要求，在理货场地所做的少量储备准备和分拣配货后形成的发送货物的暂时存放。由于总体的储存效益取决于储存总量，所以储存商品的数量只会对作业方便与否造成影响，而不会影响储存的总效益，因而在数量上并不对其进行严格的控制。

3. 分拣与配货

根据客户的订单，将所需品种、规格的商品，按要货的数量从储存场所取出，并放置在相应地点的作业称为分拣。商品的拣选工作在现代物流中占有十分重要的地位，因为现代配送中心要求及时、迅速、准确无误地将订货商品送交顾客。由于配送商品的种类繁多、规格复杂、配运的总量很大，所以拣选就成为配运中心的一项关键作业，商品拣选技术也成为影响配运效率的决定性因素。

配货是将拣选出的库存商品，按每一客户订货单要求的种类、数量、规格进行分类配货、理货、集中，形成不同的送货单元。配送中心的配货工作对于配运的质量有直接的影响。随着消费者需求的日益多样化。商品趋于"短、小、轻、薄"，流通形式趋于小批量，多品种和及时制，使得配送中心的商品配货工作艰巨而重要。

4. 配装与送货

当单个客户的配送数量达不到运输车辆的载运负荷或装不满货车的有效容积时，可以集中不同客户、不同种类的商品进行组配装载，通过确定商品之间合理的配装比例，使装载商品尽可能达到货车的载重量和装满货车的容积以取得最佳的装载效果。商品配装后，按照所确定和规划的运输路线以及送货客户的先后次序将商品送交顾客，实施送货上门服务。和一般送货的不同之处在于，通过配装送货可以大大提高运货水平及降低送货成本。

5. 流通加工

流通加工是指商品在从生产领域向消费领域转移的过程中，为了提高物流效率，保护商品质量，促进和方便销售，而对商品进行的加工处理的活动。配送中心从供应商处购进的商品不一定都适合企业直接销售或直接出售给顾客，这就需要配送中心进行适当的加工处理。比如根据各商店的订货需求，按照消费批量的大小，直接进行集配分货：拆包分装，开箱拆零，拆箱组配后拼箱等。对农副产品的种类进行整理，生鲜食品的切分、洗净、分装、刷标记、贴标签等的流通加工作为提高商品附加价值，是实现商品差别化的重要手段之一，其作用越来越大。

6. 送达服务

配好的货物运输到用户所在地还不算配送工作的完结，这是因为送达货物和用户接货往往还会出现不协调，使配送前功尽弃。因此，要圆满地实现运到货物的移交，并有效地、方便地处理相关手续完成结算，还应讲究卸货地点、卸货方式等。

7. 信息处理

配送中心作为集物流各项功能于一身的组织机构和主体，必须建立完整、高效、灵敏、现代化的信息处理系统，为整个流通过程的决策组织、控制、运转提供依据，并使进货、储存、拣选、配装、送货、流通加工等活动能够有条不紊地连续进行。同时，配送中心还要与客户建立直接的信息交流，及时得到客户的销售信息，既有利于企业组织货源，保持最佳库存量，又可将销售和库存信息迅速、及时地反映给制造商，以指导生产，使商品适销对路。所以，配送中心又成了整个流通过程的信息传递和交换中枢。

（二）电子商务配送中心的特点

随着电子商务的产生发展，新的技术和管理手段不断应用到配送中心上来。现代配送中心在电子商务时代应具有以下新特点：

1.物流配送组织网络化，反应速度快

分散的物流配送单体只有形成网络才能满足现代生产与流通的需要。为了保证对产品促销提供快速、全方位的物流支持，新型物流配送要有完善、健全的物流配送网络体系，网络中点与点之间的物流配送活动保持系统性、一致性，这样可以保证整个物流配送网络有最优的库存总水平及库存分布。另外，运输与配送要快捷、机动，做到既能铺开又能收拢。同时，配送中心需通过先进的信息系统对上游、下游的配送需求信息做出快速反应。由此使得配送时间大幅缩短，物流配送速度越来越快，商品周转次数越来越多。

2.物流配送经营市场化，功能集成化

无论是企业自己组织物流配送，还是委托社会化物流配送企业承担物流配送任务，新型物流配送的具体经营都要采用市场机制，并以"服务—成本"的最佳配合为目标，而且要着重于将物流与供应链的其他环节进行集成，包括物流渠道与商流渠道的集成、物流渠道之间的集成、物流功能之间的集成、物流环节与制造环节的集成等。

3.物流配送手段现代化，服务系列化

电子商务下的新型物流配送更注重使用先进的技术、设备和管理为销售提供服务。企业生产、流通、销售的规模越大，范围越广，物流配送技术、设备及管理越需要现代化。在现代化物流配送手段下，新型物流配送更需要物流配送服务功能的恰当定位与完善化、系列化。除了传统的储存、运输、包装、流通加工等服务外，还应在外延上扩展至市场调查与预测、采购及订单处理，向下延伸至物流配送咨询、物流配送方案的选择与规划、库存控制策略建议、货款回收与结算、教育培训等增值服务。这些都会在内涵上提高以上服务对决策的支持作用。

4.物流配送管理法制化，配送作业规范化

在物流配送管理中，从宏观来讲，要有健全的法规、制度和规则；从微观来讲，新型物流配送企业要依法办事，按章行事。电子商务下的新型物流配送还强调功能作业流程、作业、运作的标准化和程序化，使复杂的作业变成简单的易于推广与考核的运作流程。

5.物流配送流程自动化，配送目标系统化

物流配送流程自动化是运送规格标准、仓储货、货箱排列装卸、搬运等按照自动化标准作业、商品按照最佳路线配送等。新型物流配送从系统角度统筹规划一个公司整体的各种物流配送活动，处理好物流配送活动与商流活动及公司目标之间、物流配送活动与物流配送活动之间的关系，不求单个活动的最优化，但求整体活动的最优化。

电商精准扶贫：农产品上行需要过哪些关

农产品上行是目前农村电商的一个焦点问题，虽然各方讨论很多，政府、农民心情也很迫切，但是目前依然没有达到预期的效果。究其原因，农产品和电商是两个目前差距比较大的体系，暂时还无法完全并轨。形象地讲，就是农业还在 19 世纪，而我们的电商已经率先进入 21 世纪，两者难以牵手。因为，目前的电商体系是为工业品而搭建的，农产品只是借助了工业品电商的通道，如果完全按工业品的标准来要求农产品，农产品肯定受不了。由此也就看到，农产品电商的问题，根子在源头的产业体系无法适应。目前的工作，如果仅仅把上行问题重点放在流通环节上，则忽略了产业链这个根本性问题。想要做好农产品电商，必先实现农产品的互联网化，加快推进"互联网＋农业"。要有效实现农产品的上行，涉及供应链、产业链、价值链的多个环节，完全打通需要"过五关斩六将"，破解前进道路上的限制因素和瓶颈。

1. 农产品上行要过的第一关是标准化问题

如果要通过电商大规模销售农产品，标准是一个前置性问题，它包括三个方面：第一个方面是外观标准化。过去的农产品是大堆卖，然后把外观标准化的问题交给了终端零售商，由他们进行大小分级、颜色分类，然后按不同的价格出售。那么现在搞电商，就要把这一个环节前置，在田间地头完成分级，至少要做到大小分开、颜色分开、品种分开、成熟度分开等。只有这样，才能让消费者在拿到农产品的第一刻有良好的体验感。第二个方面是品质标准化。不能再一味地用一些噱头来做产品的宣传，从目前的趋势来看，一些进口的或者高端的水果，已经开始用数字来说话，他们会告诉你，我们的水果含糖量是多少，酸度大概是多少，其他主要的指标还有什么等。同时，你需要的话，可以用附送的速测仪来进行检测。第三个方面是生产标准化。一要实现以标准的生产化来推动外观及品质的标准化；二要顺应电商和消费者的需求，倒推产业转型，形成新的生产标准，与市场需求同步。

2.农产品上行要过的第二关是安全问题

如何建立适应电商的安全体系，需要借助电商的平台，打通消费者和生产者直接沟通的有效信息通道，这就是可追溯体系。由于现在二维码技术已经高度成熟，相关追溯体系也日趋完善，只需要一个二维码轻轻扫过去，就能追溯到是什么地方产的，哪个农户种植的，在生长过程中喷了什么药、用了什么肥，最终的检测合不合格，能不能放心吃，如果有问题可以去找谁等。而不是在安全的问题上夸大宣传，甚至是用假的认证来忽悠消费者，这些都是不可取的。目前最需要的是信息对称，心理信任。消费者可能说，我不苛求你是有机产品，我只希望你用的药、你施的肥，不要危害我的健康即可，这是消费者目前并不太高的要求，却常常难以得到满足，或者说心理上感觉难以信任。所以，安全问题要从实话实说开始，重塑农产品质量体系，以建立生产者与消费者的信任为基础，徐徐推进更深入的质量追溯体系。

3.农产品上行的第三关是品牌

随着农村电商的深入推进，大量的农产品上网，同质化竞争将会日趋激烈。如何在同质竞争中取得差异化的营销效果？品牌是最终制胜的法宝。近些年，政府和企业都已经高度重视农产品品牌问题，也出现了像西湖龙井、阳澄湖大闸蟹、洛川苹果等广泛传播的农产品地域品牌。但是应该看到，农产品品牌的问题复杂性在于，一方面要由政府牵头打造的地域公共品牌来做基础，另一方面又需要大量的企业为主体，以市场品牌托举地域公共品牌，缺一不可。如果只注重地域公共品牌的打造，就会出现假冒伪劣层出不穷的问题，像网上报道的阳澄湖大闸蟹产量只有8000吨，可是市场流通的有7万吨。五常大米产量只有110万吨，可在全国流通的超过1000万吨；

陕西洛川县的苹果产量只有 60 万吨左右，可是市场上流通的不知道有多少。这种情况的出现，主要原因是，地域公共品牌的名气大了，值钱了，不管是不是这里产的，都来借用这个品牌，鱼目混珠，泥沙俱下，让消费者雾里看花，难以辨别。所以，必须适应消费者的需要，按照市场的逻辑建立农产品地域公共品牌和企业市场品牌双品牌机制，主动地培养、推广一批靠谱的企业，把他们的品牌推向市场。

4. 农产品上行的第四关是协作

农产品上行是一个复杂的系统工程，不是单靠哪个地方政府就可以，也不是一两个平台几个企业就能干起来，必须从供应链到产业链直到价值链全面打通。在实现上行的过程中，一定要分工协作，电商企业怎么办、合作社怎么办、龙头企业怎么办、平台怎么办、政府怎么办等问题，需要有个明确的分工。可以政府主导，但不包办，重点在出政策，补短板，降成本，扶持市场主体，商务、农业、工商、质检、食药监等部门要密切配合。平台应该积极开放，将农产品上行作为电商"火箭"的"二级发动机"来对待，拓展类目，多给流量，完善供应链体系。传统企业、合作社、家庭农场等农业经营主体，应积极拥抱互联网，加大农业转型升级力度，能自主做电商的可以积极入驻电商平台，感觉有难度的可以做电商的供应商，按电商要求生产适销对路的产品。新农人、电商创业者甚至是普通农民，可以借助电商平台等，将农产品搬到网上，拓展销售空间。

总之，对农产品上行的复杂性、系统性应有充分认识，对其推进过程也应该有足够的耐心和细心，通过各方的协同努力，争取尽快实现农产品电商的突破。

沃尔玛物流案例分析

一、沃尔玛背景介绍

沃尔玛百货有限公司是一家美国的世界性连锁企业，总部设在阿肯色州本顿维尔，其控股人为沃尔顿家族。沃尔玛主要涉足零售业，是世界上雇员最多的企业，连续三年在美国《财富》杂志世界500强企业中居首位。沃尔玛公司的门店分布于全球15个国家。沃尔玛在美国50个州和波多黎各运营。沃尔玛主要有沃尔玛购物广场、山姆会员店、沃尔玛商店、沃尔玛社区店等四种营业态势。

沃尔玛的业务之所以能够迅速增长，并且成为现在非常著名的公司之一，一方面除了成功的经营管理策略，另一方面也是因为沃尔玛在节省成本以及在物流配送系统与供应链管理方面取得了巨大的成就。

二、沃尔玛高效的物流运作模式

1.建立物流系统

在物流方面，沃尔玛创造了自己的物流系统，建立了全球第一个物流数据处理中心，在全球实现了第一个集团内部24小时计算机物流网络化监控，使采购库存、订货、配送和销售一体化。大大降低了成本，加速了存货周转，从而形成了沃尔玛的核心竞争力。通过网络监控，各个环节及时了解供需情况，从而减少了时间成本和精力成本，加快了物流的循环。 20世纪70年代沃尔玛建立了物流的信息系统 MIS (management information system)，也叫管理信息系统，这个系统负责处理系统报表，加快了运作速度。20 世纪 80 年代与休斯公司合作发射物流通信卫星，1983 年的时候采用了 POS 机，就是销售始点数据系统。1985 年建立了 EDI，即电子数据交换系统，企业与企业、企业与管理机构之间，利用电子通信来传递数据信息，产生托运单、订单和发票；通过供应商、配送者和客户的信息系统，得知最新的订单、存货和配送状况，使得数据传输的准确性与速度大幅度提高。同时，沃尔玛开始进行无纸化作业，所有信息全部在电脑上运作，既节能环保又节约成本。1986 年的时候它又建立了 QR，称为快速反应机制，指通过共享信息资源，建立一个快速供应体系来实现销售额增长，以达到顾客服务的最大化及库存量、商品缺货、商品风险和减价最小化的目的。通过这些信息系统，在这个信息时代里，沃尔玛跟紧时代的步伐，加速自己的发展。

2.建立配送体系

沃尔玛在美国本土已建立 62 个配送中心，整个公司销售商品的 85％是由这些配运中心供应。而其竞争对手只有约 50.65％的商品集中配送。其配送中心配送的基本流程是：供应商将商品送到配送中心后，经过核对采购计划、进行商品检验等程序，分别送到货架的不同位置进行存放；销售商提出要货计划后，电脑系统将所需商品的存放位置查出并打印出有商店代号的标签；整包装的商品直接由货架送往传送带；零散的商品由工作台人员取出后也送到传送带；一般情况下，商店要货的当天配送中心就可以将商品送出。

沃尔玛要求其所购买的商品必须带有 UPC 条形码。从工厂运货回来的卡车将停在配运中心收货处的数十个门口，把货箱放在高速运转的传送带上。在传送过程中经过一系列的激光扫描，通过激光辨别上面的条形码，把它们送到该送的地方去。传送带上一天输出的货物可达 20 万箱。对于零散的商品，传送带上有一些信号灯，员工可以根据信号灯的提示来确定商品应该被送往的商店。配送中心的一端是装货平台，可供 130 辆卡车同时装货，另一端是卸货平台，可同时停放 135 辆卡车。配送中心 24 小时不停地运转，平均每天接待的装卸货物的卡车超过 200 辆。沃尔玛用一种尽可能大的卡车运送货物，车中的每立方米都被填得满满的，这样非常有助于节约成本。沃尔玛无缝物流点对点示意图如图 4-8。

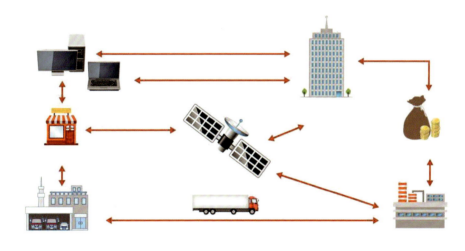

图 4-8　沃尔玛无缝物流点对点示意图

三、案例启示

沃尔玛正是通过对物流、信息流的有效控制，使公司从采购开始，到最后由销售网络把产品送到消费者手中的过程变得高效有序，实现了商业活动的标准化、专业化、统一化、单纯化，从而达到实现规模效益的目的，使其在零售业界所向披靡。

从沃尔玛物流案例中我们可以得到的启示：物流配送对于企业发展的重要性。物流是一个复杂的系统，包括运输、储存、配送、信息处理等多个环节，尤其要重视信息及现代信息技术的应用。现代社会是一个信息社会，企业要想成为一流的企业，必须运用一流的信息技术做保证。规模出效益，在物流领域，随着业务规模的扩大，可以让企业的物流设施、人力、物力、财力等资源充分利用，发挥效益；可以采用专用设备、设施，提高工作效率；采用先进技术，与高科技接轨。这些都是规模扩大后带来的好处，沃尔玛实现了规模效益的目的。

农产品物流是物流业的一个分支，指的是为了满足消费者需求而进行的农产品物质实体及相关信息从生产者到消费者之间的物理性流动。就是以农业产出物为对象，通过农产品产后加工、包装、储存、运输和配送等物流环节，做到农产品保值增值，最终送到消费者手中的活动。因此，农产品物流发展对于农产品电子商务特别重要，为了满足客户差异化和个性化的需求，农产品物流以多种模式存在，比如自营物流、第三方物流、物流一体化、第四方物流等，同时还有满足"最后一公里"配送需求的快递形式的共同存在，保证了农产品电子商务更好更快的发展。

第五章
农产品电子商务支付

　　电子支付是指消费者、商家和金融机构之间使用安全电子手段把支付信息通过信息网络安全地传送到银行或相应的处理机构，用来实现货币支付或资金流转的行为；电子商务支付指的是在电子商务活动中完成资金划拨的电子支付。二者既有区别也有联系。本章在介绍电子商务支付的概念、电子商务支付系统、电子商务支付方式与电子商务支付安全的基础上，重点介绍了电子商务支付的工具，包括网上银行支付方式、电子现金支付方式、电子钱包支付方式、电子支票支付方式、第三方支付方式与移动支付方式等。

知识
架构

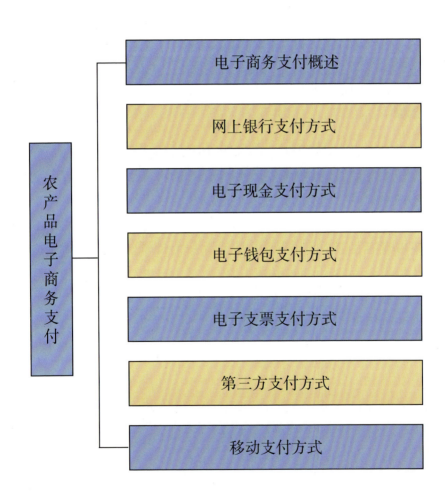

第一节　电子商务支付概述

一、电子商务支付的概念

1.电子支付

电子支付是由传统支付发展而来的,是一个复杂的系统,是由人、网、环境相结合形成的。具体来讲,电子支付指的是进行电子商务交易的当事人,包括消费者、商家和金融机构,通过电子信息化的手段实现交易中的货币支付与资金转移。

2.电子商务支付

电子商务支付指的是在电子商务活动中完成资金划拨的电子支付。电子商务支付和电子支付的范畴不同,二者的区别与联系如表5-1所示。

表 5-1　电子商务支付与电子支付的比较

	电子支付	电子商务支付
支付主体	银行业金融机构	银行业金融机构和从事服务的非金融机构
支付对象	全社会	电子商务交易方
支付工具	银行业的电子支付工具	银行业的电子支付工具和非金融机构的电子支付工具

二、电子商务支付系统

1.电子商务支付系统的概念

支付系统由提供支付清算服务的中介机构和实现支付指令传送及资金清算的专业技术手段共同组成,用以实现债权、债务清偿及资金转移的一种金融安排,有时也称为清算系统。在支付系统的概念基础上，电子商务支付系统是指服务于电子商务，适于互联网虚拟交易特性的支付系统。

2.电子商务支付系统的构成

电子商务支付系统的构成如图 5-1 所示。

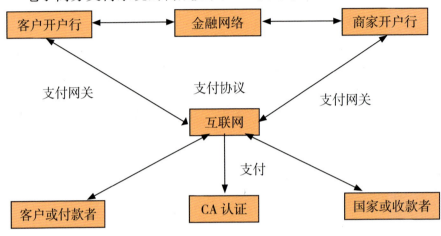

图 5-1　电子商务支付系统的构成

3.电子商务支付系统的功能

电子商务支付系统的功能主要如下：使用数字签名和数字证书实现对各方的认证；使用加密技术对业务进行加密；使用消息摘要算法以确认业务的完整性；当交易双方出现纠纷时，保证对业务的不可否认性；能够处理贸易业务的多边支付问题。

三、电子商务支付方式

支付是农产品电子商务交易中的一个重要环节，同样也是农产品电子商务交易的关键组成部分。农产品电子商务支付方式主要包括传统支付和电子支付两种方式。

（一）传统支付方式

1.汇款

根据渠道的不同，可以将汇款分为银行汇款和邮局汇款两种。

汇款是一种很传统的付款方式，是指客户把所需购买货物的金额通过邮局、银行直接给商家打款的一种支付方式。采用此方式必须到银行或邮局才能进行支付，程序烦琐，灵活性差。对于广大农村地区来说，银行、邮局网点少，覆盖有限，限制了这种模式的开展。同时在这个过程中，用户对商家的不信任，也限制了这种支付方式的开展。

2．货到付款

货到付款是指客户订购商家的货物以后，商家直接把客户所订购的货物按照客户所给地址送货上门，客户在确认货物无误后直接交纳货款的一种付款方式，也就是我们常说的"一手交钱一手交货"。货到付款可以开箱验货，先查看送来的货物与购买的货物有无差别，检验了货物的真实性、质量情况、运送损伤等情况之后，根据情况再签单，如果与事实不符，可以拒签，表明理由。

（二）电子支付方式

农产品电子商务交易中涉及的电子支付方式主要有网上银行支付、电子现金支付、电子钱包支付、电子支票支付、第三方支付以及移动支付等方式。

四、电子商务支付安全

（一）电子商务支付的风险

1．基本风险

支付电子化既给消费者带来了便利，也为银行业带来了新的机遇，同时也对相关主体提出了挑战。电子支付面临多种风险，主要包括经济波动及电子支付本身的技术风险，也包括交易风险、信用风险等。金融系统中传统意义上的风险在电子支付中表现得尤为突出。

（1）经济波动的风险　电子支付系统面临着与传统金融活动同样的经济周期性波动的风险。同时，由于它具有信息化、国际化、网络化、无形化的特点，电子支付所面临的风险扩散更快、危害性更大。一旦金融机构出现风险，很容易通过网络迅速在整个金融体系中引起连锁反应，引发全局性、系统性的金融风险，从而导致经济秩序的混乱，甚至引发严重的经济危机。

（2）电子支付系统的风险　首先是软硬件系统风险。从整体看，电子支付的业务操作和大量的风险控制工作均由电脑软件系统完成。全球电子信息系统的技术和管理中的缺陷或问题成为电子支付运行的最为重要的系统风险。在与客户的信息传输中，如果该系统与客户终端的软件互不兼容或出现故障，就存在传输中断或速度降低的可能。此外，系统停机、磁盘列阵破坏等不确定性因素，也会形成系统风险。其次是外部支持风险。由于网络技术的高度知识化和专业性，又出于对降低运营成本的考虑，金融机构往往要依赖外部市场的服务支持来解决内部的技术或管理难题，如聘请金融机构之外的专家来支持或直接操作各种网上业务活动。这种做法适应了电子支付发展的要求，但也使自身暴露在可能出现的操作风险之中，外部的技术支持者可能并不具备满足金融机构要求的足够能力，也可能因为自身的财务困难而终止提供服务，可能对金融机构造成威胁。在所有的系统风险中，最具有技术性的系统风险是电子支付信息技术选择的失误。当各种网上业务的解决方案层出不穷，不同的信息技术公司大力推举各自的方案，系统兼容性可能出现问题的情况下，选择错误将不利于系统与网络的有效连接，还会造成巨大的技术机会损失，甚至蒙受巨大的商业机会损失。

（3）交易风险　电子支付主要是服务于电子商务的需要，而电子商务在网络上的交易由于交易制度设计的缺陷、技术路线设计的缺陷、技术安全缺陷等因素，可能导致交易中的风险。这种风险是电子商务活动及其相关电子支付独有的风险，它不仅局限于交易各方、支付的各方，而且可能导致整个支付系统的系统性风险。

2．操作风险

在操作风险中，可能是信贷员没有对借款人进行认真细致的资信调查，或者是没有要求借款人提供合格的担保，没有认真审查就盲目提供担保等。

（1）"电子扒手"　一些被称为"电子扒手"的银行偷窃者专门窃取别人网络地址，这类窃案近年呈迅速上升趋势。一些窃贼或因商业利益，或因对所在银行或企业不满，甚至因好奇盗取银行和企业密码，浏览企业核心机密，甚至将盗取的秘密卖给竞争对手。

（2）网上诈骗　网上诈骗包括市场操纵、知情人交易、无照经纪人、投资顾问活动、欺骗性或不正当销售活动、误导进行高科技投资等。

（3）网上黑客攻击　即所谓非法入侵电脑系统者，网上黑客攻击对国家金融安全的潜在风险极大。目前，黑客行动几乎涉及了所有的操作系统。因为许多网络系统都有着各种各样的安全漏洞，其中，有些是操作系统本身的，有些是管理员配置错误引起的。黑客利用网上的任何漏洞和缺陷修改网页，非法进入主机，进入银行盗取和转移资金、窃取信息、发送假冒的电子邮件等。

（4）电脑病毒破坏　电脑网络病毒破坏性极强，而且电脑网络病毒普遍具有较强的再生功能，一接触就可通过网络进行扩散与传染。一旦某个程序被感染了，很快整台机器、整个网络也会被感染。如何解决电脑网络病毒，是当前电子支付监管要解决的首要问题之一。

（5）信息污染　正如在工业革命时期存在工业污染，信息时代也有信息污染和信息爆炸问题。大量与问题无关的或失真的信息不是资源而是灾难。美国在线公司每天处理的300万份电子邮件中，最多时有1/3是网上垃圾，占据了很多宝贵的网络资源。加重了互联网的负担，影响了电子支付发送和接收网络信息的效率，更严重的是信息堵塞及其他附带风险也随之增加。

此外，由于技术更新很快，内部雇员和管理人员可能不熟悉电子货币的新技术，不能很有效地使用电子支付业务系统。有时客户操作不当也会给银行带来风险。如客户没有遵守操作规程，在不安全的环境下使用一些个人的信息，罪犯可以由此获得客户的信息，从而使用这些信息从事有关的犯罪活动，银行可能就要对所造成的损失承担赔偿责任。此外，有的客户虽然已经完成了某一交易，但事后反悔否认，而银行的技术措施可能无法证明客户已经完成过该交易，由此造成的损失，也可能需由银行承担。

这些风险都可归纳为操作风险，与技术有着直接或间接的关系。电子支付机构操作风险包括电子货币犯罪带来的安全风险，内部雇员欺诈带来的风险，系统设计、实施和维护带来的风险以及客户操作不当带来的风险。

3. 法律风险

目前，全球对于电子支付立法相对滞后。现行许多法律都是适用于传统金融业务形式的。而在电子支付业务的有些方面，虽然已有一些传统的法律法规，但其是否适用，适用程度如何，当事人都不太清楚。在这种情况下，当事人一方面可能不愿意从事这样的活动，一方面也可能在出现争执以后，谁也说服不了谁，解决不了问题。

例如，在处理银行与客户的关系方面，现有的法律总是更倾向于保护客户，为银行规定了更严格的义务。美国1978年《电子资金转移法》规定银行在向客户提供ATM卡等借记卡服务的时候，必须向客户披露一系列信息，否则，银行要面临潜在的风险。而电子货币，特别是智能卡出现以后，智能卡是否需要披露同样的信息，即便是监管机构也无法立刻做出决定。因为两种卡的性能完全不一样，要求借记卡业务披露的信息可能对于智能卡来讲没有任何意义，而且，有的时候，要求过于严格，造成发卡银行成本过大，又会阻碍业务的发展。在这种情况下，开展此项业务的银行就会处于两难的境地，以后一旦出现争议或诉讼，谁也无法预料会出现什么样的后果。

类似的情况在电子支付的其他许多新业务中也同样存在。如有的银行在互联网上建立自己的主页，并做了许多链接点，把自己的网址链接到其他机构的网址上。如果黑客利用这些链接点来欺诈银行的客户，客户有可能会提起诉讼，要求银行赔偿损失。又如一些银行可能会承担认证机构的职能，并以此作为自己的一项新的业务，通过提供认证服务收取相应的服务费用。那么，作为认证机构的银行和申请认证的机构或个人以及接受认证证书的机构之间就可能存在潜在的争议。

此外，电子支付还面临洗钱、客户隐私权网络交易等其他方面的法律风险。这就要求银行在从事新的电子支付业务时，必须对其面临的法律风险进行认真分析与研究。

4．电子支付的其他风险

除了基本风险、操作风险和法律风险以外，电子支付还面临着市场风险、信用风险、流动性风险、声誉风险和结算风险等。

（1）市场风险　外汇汇率变动带来的汇率风险即是市场风险的

一种。此外，国际市场主要商品价格的变动及主要国际结算货币银行国家的经济状况等因素，也会间接引发市场波动，构成电子支付的市场风险。

（2）信用风险　交易方在到期日不完全履行其义务的风险。电子支付拓展金融服务业务的方式与传统金融不同，其虚拟化服务业务形成了突破国界限制的无边界金融服务特征，对金融交易的信用结构要求更高、更趋合理，金融机构可能会面临更大的信用风险。以网上银行为例，网上银行通过远程通信手段，借助信用确认程序对借款者的信用等级进行评估，这样的评估有可能增加网上银行的信用风险。因为，借款人很可能不履行对电子货币的借贷应承担的义务，或者由于借贷人网络上运行的金融信用评估系统不健全造成信用评估失误。此外，从电子货币发行者处购买电子货币并用于转卖的国际银行，也会由于发行者不兑现电子货币而承担信用风险。有时电子货币发行机构将出售电子货币所获得的资金进行投资，如果被投资方不履行业务，就可能为发行人带来信用风险。总之，只要同电子支付机构交易的另外一方不履行义务，就会给电子支付机构带来信用风险。因信用保障体系的不健全，目前网上出现了种种交易问题，开玩笑的、恶性交易的，甚至专门在网上进行诈骗的，都有相关案例发生。市场经济不能没有信用，信用可以减少市场交易费用。只有交易双方有足够的信用度，交易才有可能完成，否则，任何交易都需要面对面、以货易货地进行，缺乏信用最典型的交易案例便是物物交易。面对面交易或者物物交易不仅增加交易费用，而且将交易的规模限制在一个很小的范围内。

社会信用体系的不健全是信用风险存在的根本原因，也是制约电子支付业务甚至电子商务发展的重要因素。

（3）流动性风险 当电子支付机构没有足够的资金满足客户兑现电子货币或结算需求时，就会面临流动性风险。一般情况下，电子支付机构经常会因为流动性风险而恶性循环地陷入声誉风险中，只要电子支付机构某时刻无法以合理的成本迅速增加负债或变现资产，以获得足够的资金来偿还债务，就存在流动性风险，这种风险主要发生在电子货币的发行人身上。发行人将出售电子货币的资金进行投资，当客户要求赎回电子货币的时候，投资的资产可能无法迅速变现，或者会造成重大损失，从而使发行人遭受流动性风险，同时，引发声誉风险。流动性风险与声誉风险往往联在一起，成为相互关联的风险共同体。电子货币的流动性风险同电子货币的发行规模和余额有关，发行规模越大，用于结算的余额越大，发行者不能等值赎回其发行的电子货币或缺乏足够的清算资金，其流动性风险问题就越严重。

由于电子货币的流动性强，电子支付机构面临比传统金融机构更大的流动性风险。

（4）声誉风险 与传统风险比较，电子支付机构面临的声誉风险显得更为严重。以网上银行为例，传统业务中，最常见的声誉风险表现为一家银行出了财务问题以后，导致大量的储户挤兑。网上银行产生声誉风险的原因与传统业务有时候一样，有时候也不一样。不一样的是，网上银行可能由于技术设备的故障、系统的缺陷，导致客户失去对该银行的信心。重大的安全事故等会引起电子支付机构产生声誉风险。如新闻媒体报道某家银行被黑客入侵，尽管可能没有造成任何损失，但是，客户会立刻对该银行的安全性产生怀疑。网上银行的业务处在发展初期，客户对安全存在潜在的不信任，声誉风险的出现对网上银行业务的影响尤其大。

（5）结算风险　清算系统的国际化大大提高了国际结算风险。基于电子化支付清算系统的各类金融交易，发达国家国内每日汇划的日处理件数可以达到几百甚至上千万件。

（二）电子支付的风险防范

1. 防范电子支付风险的技术措施

第一，建立网络安全防护体系，防范系统风险与操作风险。不断采用新的安全技术来确保电子支付的信息流通和操作安全，如防火墙、滤波和加密技术等，要加快发展更安全的信息安全技术，包括更强的加密技术、网络使用记录检查评定技术、人体特征识别技术等。

第二，发展数据库及数据仓库技术，建立大型电子支付数据仓库或决策支持系统，防范信用风险、市场风险等金融风险。

第三，加速金融工程学科的研究、开发和利用。

第四，通过管理、培训手段来防止金融风险的发生。

2. 加强电子支付立法建设

针对目前电子支付活动中出现的问题，应制定相关的法律，以规范电子支付参与者的行为。对电子支付业务操作、电子资金划拨的风险责任进行规范，制定电子支付的犯罪案件管辖、仲裁等规则，对电子商务的安全保密也必须有法律保障，对电脑犯罪、电脑泄密、窃取商业和金融机密等也都要有相应的法律制裁，以逐步形成有法律许可、法律保障和法律约束的电子支付环境。

3. 电子支付风险管理的其他方面

技术安全措施在电子支付的风险管理中占有很重要的位置，这也是电子支付风险管理的一个比较明显的特点。但电子支付的风险管理并不仅仅限于技术安全措施的采用，而是一系列风险管理控制措施的总和。

（1）管理外部资源　目前，电子支付的一个趋势是，越来越多的外部技术厂商参与到银行的电子化业务中来，可能是一次性地提供机器设备，也可能是长期地提供技术支持。外部厂商的参与使银行能够减少成本、提高技术水平，但这加重了银行所承担的风险。为此，银行应该采用有关措施，对外部资源进行有效管理。例如，要求有权对外部厂商的运作和财务状况进行检查和监控，通过合同明确双方的权利和义务，包括出现技术故障或消费者不满意的时候，技术厂商应该承担的责任。同时，还要考虑并准备一旦某技术厂商出现问题时的其他可替代资源。作为监管机构，也需要保持对与银行有联系的技术厂商的监管。

（2）建立健全金融网络内部管理体系　要确保网络系统的安全与保密，除了对工作环境建立一系列的安全保密措施外，还要建立健全金融网络的各项内部管理制度。

建立健全电脑机房的各项管理制度，并加以严格执行。是目前保障金融网络系统安全的有效手段。机房管理制度不仅包括机房工作人员的管理，而且还包括对机房内数据信息的管理、电脑系统运行的管理等，要求操作人员按照规定的流程进行操作，保证信息资料的保密性和安全性达到要求。

（3）建立应急计划电子支付　电子支付给客户带来了便利，但可能会在瞬间出现故障，让银行和客户无所适从。因此，建立相应的应急计划和容错系统显得非常重要。应急计划包括一系列措施和安排，例如，资料的恢复措施、替代的业务处理设备、负责应急措施的人员安排、支援客户的措施等。这些应急的设施必须定期加以检测，保证一旦出事之后，确实能够运作。

第二节　网上银行支付方式

一、网上银行的概念与特点

（一）网上银行的概念

网上银行又称为网络银行、在线银行，是指银行利用 Internet 技术，通过 Internet 向客户提供开户、销户、查询、对账、行内转账、跨行转账、信贷、网上证券、投资理财等传统服务项目，使客户足不出户就能够安全便捷地管理活期和定期存款、支票、信用卡及个人投资等。它不受时空限制，能够在任何时间、任何地点以任何方式为客户提供网络金融服务。这里的网络金融服务是指实质性的金融服务，除了传统的商业银行业务之外，还可以进行网络支付结算。

网上银行支付，是指利用银行卡进行网上支付的方式。消费者通过互联网向商家订货后，在网上自行操作付款给商家，完成支付(前提是要开通网上银行)。

（二）网上银行的特点

利用计算机和通信技术实现资金划拨的电子银行业务已经有几十年的历史了，传统的电子银行业务主要包括资金清算业务和用 POS 网络、ATM 网络提供服务的银行卡业务。网上银行是随着 Internet 的普及和电子商务的发展在近些年逐步成熟起来的新一代电子银行，它依托于传统银行业务，并为其带来了根本性的变革；同时拓展了传统的电子银行业务功能。与传统银行和传统电子银行相比，网上银行在运行机制和服务功能方面都具有不同的特点。

1. 全球化、无分支机构

传统银行是通过开设分支机构来发展金融业务和开拓市场的，客户往往只限于固定的地域。而网上银行利用 Internet 来开展银行业务，因此可以将金融业务和市场延伸到全球每个角落。打破了传统业务地域范围局限的网上银行，不仅可吸纳本地区和本国的客户，也可直接吸纳国外客户，为其提供服务。

2. 开放性与虚拟化

传统电子银行所提供的业务服务都是在银行的封闭系统中运作的，而网上银行的 Web 服务器代替了传统银行的建筑物、网址取代了地址，其分行是终端机和 Internet 这个虚拟化的电子空间。因此，有人称网上银行为"虚拟银行"，但它又是实实在在的银行，利用网络技术把自己与客户连接起来，在有关安全设施的保护下，随时通过不同的计算机终端为客户办理所需的金融业务。

3. 智能化

传统银行主要借助于物质资本，通过众多员工辛勤劳动为客户提供服务。而网上银行主要借助智能资本，靠少数脑力劳动者的劳动提供比传统银行更多、更快、更好、更方便的业务，如提供多元且交互的信息，客户除可转账、查询账户余额外，还可享受网上支付、贷款申请、国内外金融信息查询、投资理财咨询等服务，其功能和优势远远超出电话银行和传统的自助银行。

4. 创新化

网上银行是创新化银行。在个性化消费需求日趋凸显、技术日新月异的信息时代，网上银行提供的金融产品和拥有技术的生命周期越来越短，淘汰率越来越高。在这种情况下，只有不断采用新技术、推出新产品、实现持续创新，才不至于被淘汰。

5. 亲和性增强

增加与客户的沟通与交流是企业获取必要信息、改进企业形象、贴近客户、寻找潜在客户的主要途径。在这方面，网上银行具有传统银行无法比拟的优势。网上银行可通过统计客户对不同网上金融产品的浏览次数和点击率，以及各种在线调查方式了解客户的喜好与不同需求，设计出有针对性的金融产品以满足其需求，这不仅方便了客户，银行也因此增强了与客户的亲和力，提高了竞争力。

二、网上银行的支付流程

现在银行卡的支付方式主要有4种：无安全措施的银行卡支付、通过第三方代理人的支付、简单银行卡加密支付和安全电子交易SET 银行卡支付。现在占主流地位的是基于 SSL 协议机制的银行卡网上支付方式，其应用比较简单，安全性能好。各家发行银行卡的银行均可在银行的营业网点为已有的账户办理可以用于网上购物的银行卡。在网上申请银行卡付款业务的操作流程和规定，各家银行大同小异。

下面以中国工商银行借记卡为例介绍相关的操作步骤（由于网络系统不断升级，仅以示例图片进行说明）。

（一）银行卡的网上支付申请

步骤一：在浏览器的地址栏输入 http://www.icbc.com.cn，登录到中国工商银行网站的主页。如图 5-2 所示。

步骤二：在工商银行网站主页中点击左侧"个人网上银行登录—注册"，进入图 5-3 所示个人网上银行注册信息填写页面。

图 5-2　中国工商银行网站主页

图 5-3　注册信息填写

步骤三：按要求填写好个人信息之后，点击"下一步"，即可完成网银开通。

（二）网上银行登录

银行卡的网上银行支付功能申请成功后，可以通过图 5-4 所示的登录界面，输入账号、登录密码和验证码进入个人网上银行账户。

图 5-4　个人网上银行登录

（三）使用银行卡进行网上支付

当用户在购物平台选购完商品和服务并确认订单信息后，进入支付宝交易管理页面（如图5-5所示），选择"添加快捷/网银付款"，输入自己的银行卡号，选择支付付款方式：网上银行，按照页面提示一步一步操作，即可完成支付。如图5-6所示。

图 5-5　支付宝交易管理

图 5-6 支付宝收银台

第三节 电子现金支付方式

一、电子现金的概念与特点

（一）电子现金的概念

电子现金又称为数字现金，是一种表示现金的加密序列数，它可以用来表示现实中各种金额的币值。要使用电子现金，用户只需在开展电子现金业务的银行开设账户并在账户内存钱，在用户对应的账户内就生成了具体的数字现金，在承认数字现金的商店购物，从账户划拨数字现金即可。

（二）电子现金的特点

电子现金同时拥有现金和电子化两者的特点，主要表现在以下几个方面。

1. 灵活性

电子现金和现实中的现金一样。可以存、取和转让，适用于小额交易。

2. 协议性

电子现金的应用要求银行和商家之间具有协议和授权的关系，电子现金银行负责消费者和商家之间的资金转移。

3. 可鉴别性

在发放电子现金时使用数字签名，商家在每次交易中，将电子现金传送给电子现金银行，由银行验证买方支付的电子现金是否有效(伪造或使用过等)。

4. 匿名性

电子现金用于匿名消费。买方用电子现金向卖方付款，除了卖方以外，没有人知道买方的身份或交易细节。

5. 不可跟踪性

电子现金虽然确保了交易的保密性，也能维护交易双方的隐私权，但是如果电子货币丢失了，就像纸币一样也无法追回。

6. 安全性

银行不会受到欺骗（数字签名），卖方不会遭受拒绝兑现（经银行验证），买方不会泄露隐私（与卖方无关）。

二、电子现金支付流程

电子现金支付的流程如图 5-7 所示。

第一步：首先付款人、收款人(商家)、发行者要在认证中心申请数字证书，安装专用软件。其次付款人要在发行者处开设电子现金账号，并存入一定数量的资金（例如使用银行转账或信用卡支付方式，然后利用客户端软件兑换成一定数量的电子现金。收款人也要在电子现金发行者处注册，并与收单行签署协议，以便日后兑换电子现金。

第二步：付款人与收款人达成购销协议，付款人验证收款人身份并确定对方能够接受相应的电子现金支付。

第三步：付款人将订单与电子现金进行加密后一起发给收款人。

第四步：收款人收到电子现金后，可以要求发行者兑换成实体现金。发行者通过银行转账的方式将实体现金转到收单行，收款人与收单行清算。

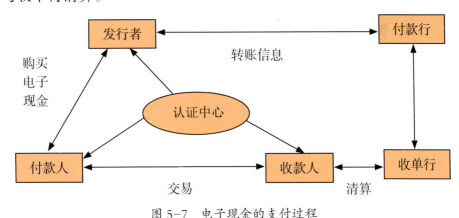

图 5-7　电子现金的支付过程

第四节　电子钱包支付方式

一、电子钱包的概念与特点

（一）电子钱包的概念

电子钱包有两种概念：一是纯粹的软件，主要用于网上消费、账户管理，这类软件通常与银行账户或银行卡账户是连接在一起的；二是小额支付的智能储值卡，持卡人预先在卡中存入一定的金额，交易时直接从储值账户中扣除交易金额。

电子钱包使用者通常在银行里是有账户的。在使用电子钱包时，用户先安装相应的应用软件，在该软件系统中设有电子货币和电子钱包的功能管理模块，称为电子钱包管理器，用户可以用它来改变口令或保密方式等，以及用它来查看自己银行账号上电子货币收付往来的账目、清单和其他数据。该系统中还提供了一个电子交易记录器，顾客通过查询记录器，可以了解自己的购物记录。网上购物使用电子钱包，需要在电子钱包服务系统中进行。电子商务活动中的电子钱包软件通常都是免费提供的。用户可以直接使用与自己银行账号相连接的电子商务系统服务器上的电子钱包软件，也可以通过各种保密方式利用因特网上的电子钱包软件。

使用电子钱包的顾客通常要在有关银行开立账户。在使用电子钱包时，将电子钱包通过有关的电子钱包应用软件安装到电子商务服务器上，利用电子钱包服务系统就可以把自己的各种电子货币或电子金融卡上的数据输进去。在发生收付款时，如顾客需用电子信用卡付款，如用 VISA 卡或 Master 卡等收款时，顾客只要单击一下相应项目（或相应图标）即可完成，这种电子支付方式称为单击式或点击式支付方式。

在电子商务服务系统中设有电子货币和电子钱包的功能管理模块，叫作电子钱包管理器，顾客可以用它来改变保密口令或保密方式，用它来查看自己银行账号上的收付往来的电子货币账目、清单和数据。电子商务服务系统中还有电子交易记录器，顾客通过查询记录器，可以了解自己都买了什么物品，购买了多少，也可以把查询结果打印出来。

（二）电子钱包的特点

1．安全方便

我国目前推行的电子钱包主要适用于小额消费，携带方便，支付快捷，属于智能金融卡。与现有的银行储蓄卡相比，不仅储存容量更大，安全性更高，还提供人性化的服务，免输密码、免签名、免找零、脱机交易等。

2．成本低

一般的电子钱包可以使用廉价的储存器卡，成本不高，使用领域很广。例如，一般商场发行的优惠卡、购物卡和折扣卡，学校使用的水卡和饭卡，公交公司发行的公交 IC 卡等。这种方式同样具有电子转账的优点。

二、电子钱包的支付流程

电子钱包的支付流程如图 5-8 所示。

第一步：客户和商家达成购销协议并选择用电子钱包支付。前提是用户和商家都在银行开有账户。可以是同一个银行，也可以在不同的银行。

第二步：客户选定用电子钱包付款并将电子钱包装入系统，输入保密口令并进行付款。

第三步：电子商务服务器进行合法性确认后，在信用卡公司和商业银行之间进行应收款项和账务往来的电子数据交换和结算处理。

第四步：商业银行证明电子钱包付款有效并授权后，商家发货并将电子收据发给客户；与此同时，销售商留下整个交易过程中发生往来的财务数据。

第五步：商家按照客户提供的电子订货单将货物在发送地点交到客户或其指定人手中。

虽然用电子钱包购物的过程要经过信用卡和商业银行等机构进行多次确认、银行授权、各种财务数据交换和财务往来等，但这些都是在网上以极短的时间完成的。实际上，客户从输入订货单开始到收到销售商店出具的电子收据为止的全过程仅为5~20秒。因此，对于顾客来说，用电子钱包购物相当省事、省时、省力，而且对于顾客来说，整个购物过程自始至终都是十分安全可靠的。

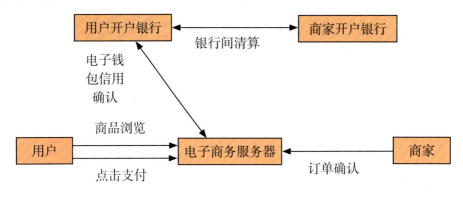

图 5-8　电子钱包的支付流程

第五节　电子支票支付方式

一、电子支票的概念与特点

（一）电子支票的概念

电子支票是一种利用数字传递将钱款从一个账户转移到另一个账户的电子付款形式。这种电子支票的支付是在与商户及银行相连的网络上以密码方式传递的，使用公用关键字加密签名或个人身份识别码代替手写签名。电子支票几乎和纸质支票有着同样功能。电子支票既适合个人付款，也适合企业之间的大额资金转账。利用电子支票，可以使支票的支付业务和支付过程电子化。

电子支票包含三个实体，即为买方、销售方以及金融机构。通常情况下，电子支票的收发双方都需要在银行开有账户，让支票交换后的票款能直接在账户间转移，而电子支票付款系统则提供身份认证、数字签名等，以弥补无法面对面地进行交换的缺陷。电子支票目前主要是通过专用网络系统进行传输。

（二）电子支票的特点

电子支票应具有银行的数字签名，以便验证和防止伪造。支付时，买方要以私钥加以数字签名，并以卖方的公钥进行加密。收到时，卖方先以私钥解密，再以买方公钥验证签名，最后向银行审核。卖方定期将电子支票存入银行，由银行负责资金转移。适用于各种交易额的支付 (主要用于大额支付，比如与电子数据交换的结合等)。

电子支票的使用步骤为:用户可以在网络上生成一个电子支票，然后通过互联网络将电子支票发向商家的电子信箱，同时把电子付款通知单发到银行。像纸质支票一样，电子支票需要经过数字签名，被支付人数字签名背书，使用数字凭证确认支付者 / 接收者身份、支付银行以及账户，金融机构就可以根据签过名和认证过的电子支票把款项转入商家的银行账户。

二、电子支票的支付流程

电子支票的支付流程如图 5-9 所示。

1.支付

支付者填写电子支票并对它进行数字签名，然后通过 E-mail 或 WWW 发送给付款接收者。

2.存款

付款接收者收到电子支票后验证支付者的签名，然后通过其开户行对支票的有效性进行验证并提出存款请求。

3.清算

付款接收者开户行验证付款接收者后，通过支付者的开户行验证支票的有效性，若有效则进行转账。

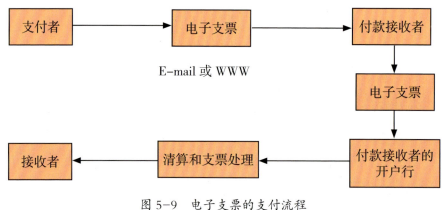

图 5-9　电子支票的支付流程

第六节　第三方支付方式

一、第三方支付的概念与特点

（一）第三方支付的概念

第三方支付通常是指一些和国内外各大银行签约并具备一定实力和信誉保障的第三方独立机构提供的交易支持平台。它通过与银行的商业合作，以银行的支付结算功能为基础，向使用者提供中立的、公正的面向其用户的个性化支付结算与增值服务。在通过第三方支付平台的交易中，买方选购商品后，使用第三方平台提供的账户进行货款支付，由第三方通知卖家货款到达、进行发货；买方检验物品后，就可以通知付款给卖家，第三方再将款项转至卖家账户。从本质上讲，第三方支付具有第三方信用担保服务的属性。

（二）第三方支付的特点

第一，第三方支付平台提供一系列的应用接口程序，将多种银行卡支付方式整合到一个界面上，负责交易结算中与银行的对接，使网上购物更加快捷、便利。消费者和商家不需要在不同的银行开设不同的账户，可以帮助消费者降低网上购物的成本，帮助商家降低运营成本；同时，还可以帮助银行节省网关开发费用，并为银行带来一定的潜在利润。

第二，第三方支付平台出现后，由第三方支付企业代替商家和客户完成相关验证，使网上交易变得更加简单。

第三，第三方支付平台通常依附于大型的门户网站，且以与其合作的银行的信用作为信用依托，因此第三方支付平台能够较好地突破网上交易中的信用问题，有利于推动电子商务的快速发展。

二、第三方支付的平台

第三方支付平台是指客户和商家首先都要在第三方支付平台外开立账户；并将各自的银行账户信息提供给支付平台的账户。客户把货款先转给第三方支付平台，然后第三方支付平台通知商家已经收到货款，商家发货；客户收到并检验货物之后通知第三方支付平台付款给商家，最后第三方支付平台再将货款划转到商家的账户中。由于第三方支付平台的介入，有效降低了网上购物的交易风险，解决了电子商务支付过程中的系列问题，例如安全问题、信用问题、成本问题。

中国国内目前的第三方支付公司或者品牌主要有支付宝（阿里

巴巴公司)、财付通(腾讯公司)、银联商务(中国银联)、快钱(99bill)、汇付天下，易宝支付（YeePay）、京东支付（京东）、网付宝、环迅支付等300多家。但是已形成由支付宝、银联商务、财付通三大巨头占主导的第三方支付市场竞争格局。它们以大型电子商务网站为出发点，具有稳定的客户来源，并且依托商务网站占据着大部分客户资源，不断助力支付业务的完善和相关附加业务的创新开发，迅速发展壮大。

现以支付宝和财付通为例，进行介绍。

（一）支付宝

支付宝是全球领先的第三方支付平台，成立于2004年。致力于为用户提供"简单、安全、快速"的支付解决方案。旗下有支付宝与支付宝钱包两个独立品牌。自2014年第二季度开始成为当前全球最大的移动支付厂商。支付宝主要提供支付及理财服务，包括网购担保交易、网络支付、转账、信用卡还款、手机充值、水电气缴费、个人理财等多个领域。在进入移动支付领域后，为零售百货、电影院线、连锁商超和出租车等多个行业提供服务。还推出了余额宝等理财服务。支付宝与国内外180多家银行以及VISA、MasterCard国际组织等机构建立战略合作关系，成为金融机构在电子支付领域最为信任的合作伙伴。支付宝钱包是国内领先的移动支付平台，内置余额宝，提供理财服务。还信用卡、转账、充话费、缴水电气费等，有了支付宝钱包还能便宜打车，去便利店购物，更有众多精品公众账号为客户提供贴心服务。

（二）财付通

财付通是腾讯公司于2005年9月正式推出的专业在线支付平台，其核心业务是帮助在互联网上进行交易的双方完成支付和收款。财富通致力于为互联网用户和企业提供安全、便捷、专业的在线支付服务。

个人用户注册财付通后，即可在拍拍网及 20 多万家购物网站轻松进行购物。财付通支持全国各大银行的网银支付，用户也可以先充值到财付通，享受更加便捷的财付通余额支付体验。财付通与拍拍网、腾讯 QQ 有着很好的融合，按交易额来算，财付通排名第二，份额仅次于支付宝。

三、第三方支付的流程

在第三方支付交易流程中，支付模式使商家看不到客户的信用卡信息，同时又避免了信用卡信息在网络上多次公开传输而导致信用卡信息被窃。以消费者在网络购物平台进行的 B2C 交易为例，其交易流程如图 5-10 所示。

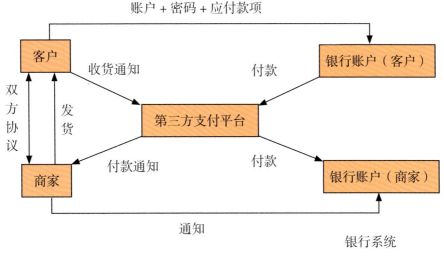

图 5-10　第三方支付流程

第一步：客户在电子商务网站上选购商品，最后决定购买，买卖双方在网上达成交易意向。

第二步：客户选择利用第三方作为交易中介，客户用银行卡或者信用卡将货款划到第三方平台账户。

第三步：第三方支付平台将客户已经付款的消息通知商家，并要求商家在规定时间内（一般在一周左右）发货。

第四步：商家收到通知后按照订单发货。

第五步：客户收到货物并验证无误后通知第三方平台。

第六步：第三方平台将其账户上的货款划入商家账户中，交易完成。

第七节　移动支付方式

一、移动支付的概念

移动支付主要指通过移动通信设备、利用无线通信技术所进行的支付、转账缴费和购物等商业交易活动。其中移动通信设备包括手机、掌上电脑、移动 PC 等；无线通信技术包括各种近距离无线通信技术(如红外线、射频识别技术、蓝牙等)和远距离无线通信技术(如短信、WAP 等)。

移动支付存在的基础是移动终端的普及和移动互联网的发展，可移动性是其最大的特色。随着移动终端普及率的提高，在未来，移动支付完全有可能替代现金和银行卡，被人们在商品劳务交易和债权、债务清偿中普遍接受,成为电子货币形态的一种主要表现形式。

移动支付使用的方法有短信支付、扫码支付、指纹支付、声波支付等。

1.短信支付

手机短信支付是手机支付的最早应用，将用户手机 SIM 卡与用户本人的银行卡账号建立一种对应的关系，用户通过发送短信的方式在系统短信指令的引导下完成交易支付请求，操作简单，可以随时随地进行交易。手机短信支付服务强调了移动缴费和消费。

2.扫码支付

扫码支付是一种基于账户体系搭起来的新一代无线支付方案。在该支付方案下，商家可把账号、商品价格等交易信息汇编成一个二维码，并印刷在各种载体上发布。

用户通过手机客户端扫描二维码，便可实现与商家支付宝账户的支付结算。最后，商家根据支付交易信息中的用户收货、联系资料，就可以进行商品配送，完成交易。

3.指纹支付

指纹支付，是指采用目前已成熟的指纹系统进行消费认证，即顾客使用指纹注册成为指纹消费折扣联盟平台会员，通过指纹识别即可完成消费支付。

4.声波支付

声波支付是利用声波的传输，完成两个设备的近场识别。其具体过程是，在第三方支付产品的手机客户端里内置有"声波支付"功能，用户打开此功能后，用手机麦克风对准收款方的麦克风，手机会播放一段"咻咻咻"的声音，然后收款方收到这段声波之后就会自动处理。

二、移动支付的分类

1.按照距离分类

移动支付按照距离主要分为近场支付和远程支付两种，所谓近场支付，就是用手机刷卡的方式坐车，或者通过手机在自动售货机上购买饮料等现场支付，很便利。远程支付是指通过发送支付指令（如网银、电话银行、手机支付等）或借助支付工具（如通过邮寄、汇款）进行的支付方式，如掌中付推出的掌中电商、掌中充值、掌中视频等。

2. 按照支付的空间和时间特点分类

移动支付业务按支付的空间和时间特点，可分为非现场的非实时支付和现场的实时支付。非现场的非实时支付是目前常用的支付方式，这种方式一般通过短信方式发起交易请求，从支付的速度来看，具有明显的时间延迟，快时需几秒，慢时甚至几分钟。目前在国内开展的手机购物、手机银行等均属此类非现场的非实时支付。

3. 按照交易额的数量分类

移动支付按照交易额的数量分为宏支付和微支付。在这种微支付系统中，交易的费用是从用户的话单中扣除的，银行不直接参与。若采用宏支付系统，用户不需携带信用卡，用手持设备即可在商场购物。在这种系统中，银行是参与者之一，用户的交易费用是直接从与用户手持设备绑定的银行账户中扣除的。

三、移动支付的模式

移动支付的模式可大致分为三种：

第一种：由银行推出，需要开通手机银行，同时为了配合近场支付，可能还需要手机具备近场通信功能，如国内各大银行研发的手机 APP。

第二种：通信运营商推出的移动支付，一般是通过向 SIM 卡植入芯片来完成支付，如消费者在互联网上购买相关产品及服务时，通过手机发送短信等方式进行后台认证，并将账单记录在用户的通信费账单中，月底进行汇总收取。

第三种：由第三方支付公司所推出的可以不用开通手机银行就可直接进行支付的模式，即第三方移动支付，如支付宝 APP 和微信支付等，其特点是方便快捷、最大限度满足客户对支付速度的要求。

四、移动支付的流程

移动支付的流程如图 5–11 所示。

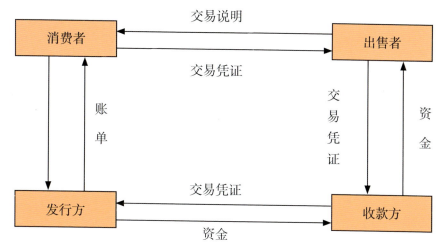

图 5–11 移动支付的流程

支付宝一键呼叫无人机喷洒农药

在江西宜春高安市豪花村，从上海辞职回乡的"80 后"大学生村官方月萍，按下无人机的启动按钮。由支付宝服务窗提供订购服务、极飞农业提供无人机喷洒农药的服务正式开启。

蚂蚁金服旗下支付宝的服务窗中接入了极飞农业服务窗，用户通过支付宝 APP 就可以在线订购极飞农业提供的无人机喷洒农药服务。

方月萍是宜春市奉新县的大学生村官,为什么奉新的村官要来高安市打农药呢?原来,方月萍担任村官后,组建了一个春晓水稻合作社,有6 000多亩土地,加入合作社的村民有500多户。而村民胡大德,是豪花村的村级服务站站长,随着近几年粮食市场行情不乐观,售粮难度一年比一年大,他也想加入春晓水稻合作社。

胡大德种植了70多亩田,耕田和收割都是机械化,但这么大面积打农药,要抢时机,靠他一个人又忙不过来。当地青壮年劳动力比较少,打农药特别辛苦,还味道难闻,在当地很难请到人干。他在咨询加入合作社事宜的时候,把打农药这个最大的心病告诉了方月萍,本想让方月萍到奉新帮他找几个人去打农药。方月萍正好知道支付宝有无人机打农药服务,就推荐给了胡大德。

首次亲身体验无人机服务,当地村民都是大开眼界。"在没接触无人机之前,觉得是个高精尖的东西,实际接触后,发现非常方便高效,就跟玩智能手机一样简单。"方月萍说。

极飞农业相关负责人表示,支付宝是国内领先的第三方支付平台,有强大的用户触达能力,入驻支付宝平台大大增加了极飞农业的精准用户关注度,用户只要在极飞农业的支付宝服务窗上填写服务区域、作业作物、作物面积、作业时间、联系人等信息,并交付100元定金,就可以预订无人机喷洒农药服务了。支付定金后,客服会派专人前往现场评估,评估后修改订单金额,用户支付尾款后就可以享受无人机喷洒农药服务。

本章小结

　　电子支付指的是进行电子商务交易的当事人，包括消费者、商家和金融机构，通过电子信息化的手段实现交易中的货币支付与资金转移。电子商务支付指的是在电子商务活动中完成资金划拨的电子支付。支付系统由提供支付清算服务的中介机构和实现支付指令传送及资金清算的专业技术手段共同组成，用以实现债权、债务清偿及资金转移的一种金融安排，有时也成为清算系统。在支付系统的概念基础上，电子商务支付系统是指服务于电子商务，适于互联网虚拟交易特性的支付系统。农产品电子商务支付方式主要包括传统支付和电子支付两种方式。农产品电子商务支付的风险包括基本风险、操作风险、法律风险和其他风险，需要采取一些风险防范措施。

第六章

农产品电子商务的网络营销

导读

网络营销是营销战略的一个重要组成部分，能够更大限度地满足客户的需求，其产生和发展适应了消费者的需求变化。农产品网络营销是指在农产品销售过程中，全面导入电子商务系统，利用信息技术，进行需求、价格等的发布与收集，以网络为媒介，依托农产品生产基地与物流配送系统，促进地方农产品提升品牌形象、增进顾客关系、改善对顾客的服务、开拓网络销售渠道并最终扩大销售。本章首先介绍了农产品网络营销的概念、特点、模式及方法，然后详细介绍了农产品网络营销的产品策略、定价策略、渠道策略和促销策略。

农产品网络营销概述

农产品网络营销产品策略

农产品电子商务的网络营销

农产品网络营销定价策略

农产品网络营销渠道策略

农产品网络营销促销策略

第一节　农产品网络营销概述

一、网络营销的概念

网络营销是一种信息时代全新的营销方式，对传统经营观念产生了巨大的影响，使企业营销手段和内容发生着重大的变革。随着电子商务的蓬勃发展，网络营销不仅成为企业建立竞争优势的有力工具，还是企业谋求生存的基本条件，并将成为电子商务时期市场营销发展的大趋势。

1.广义的网络营销

广义地讲，网络营销就是指企业利用包括企业内部网、EDI行业系统专线网及国际互联网在内的一系列计算机网络开展的营销活动。

2.狭义的网络营销

狭义的网络营销专指国际互联网络营销，是组织或个人基于开放便捷的互联网络，对服务、产品所进行的一系列经营活动，从而达到满足组织或者个人需求的全过程。

网络营销是企业以现代营销理论为基础，合理利用电子商务网络资源、技术和功能，实现营销信息的有效传递，最终满足客户需求，达到开拓市场、增加企业销售、提升品牌价值、提高整体竞争力的经营过程。

网络营销的出现为企业提供了适应全球网络技术发展与信息网络社会变革的新的技术和手段，是现代企业走入新世纪的营销策略。

二、农产品网络营销的概念

农产品网络营销又称"鼠标 + 大白菜"式营销。具体来说，农产品网络营销是指在农产品销售过程中，全面导入电子商务系统，利用信息技术，进行需求、价格等的发布与收集，以网络为媒介，依托农产品生产基地与物流配送系统，促进地方农产品提升品牌形象、增进顾客关系、改善对顾客的服务、开拓网络销售渠道并最终扩大销售。网络营销是营销战略的一个重要组成部分，能够更大限度地满足客户的需求，其产生和发展适应了消费者的需求变化。

首先，农产品网络营销是整体营销战略的组成部分。网络营销活动不可能脱离一般营销环境而独立存在，许多情况下网络营销理论是传统营销理论在互联网环境中的应用和发展，因此农产品网络营销也不可能离开农品集贸市场、农产品超市、农产品商贩等传统营销方式而独立存在。

其次，农产品网络营销不仅仅是网上销售。网络营销是为实现农产品销售目的而进行的一项销售活动，但并不等于网上销售。农产品网络营销的作用表现在多个方面，如提高农产品品牌价值、加强与客户的沟通、改善服务质量等。网络营销的目的并不仅仅是为了促进网上销售，很多情况下，网络营销活动不一定能达到网上直接销售的目的，但是能促进网下销售的增加，并增加顾客的忠诚度等。

再次，农产品网络营销是经营创新。网络技术的发展和网上市场的迅速扩展，给企业营销创新留下广阔的空间：一方面是营销业务创新。网络创造了大量的新型业务，例如，网上目录和搜索引擎成为网上热门的业务类型。另一方面是营销手段创新。电话直销迅速被网上直销业务超过，网上分销合作方式正在兴起。

三、农产品网络营销的特点

1.网络营销跨越时空，营销机会成倍增长

互联网的超越时空约束和限制进行信息交换的特点，使得脱离时空限制达成农产品的交易成为可能，经营者能有更多的时间和更大的空间进行营销，如每周7天、每天24小时提供全球性的营销服务。

2.网络连接一对一，营销沟通可互动

网络互动的特性使消费者真正参与到整个营销过程之中成为可能，消费者参与的可能性和选择性的主动性得到提高。在这种互动式营销中，买卖双方可以随时随地进行互动式双向交流，而非传统营销的单向交流；互联网上的促销也可以做到一对一的供求连接，使得促销活动顾客主导化、理性化，并能通过信息与交互式交谈，与顾客建立长期良好的关系；网络营销可以通过连接传送信息的数据库等方式向顾客提供有关农产品的信息，供顾客查询；同时传送信息的数量与精确度远远超过其他媒体，并能适应市场需求及时更新产品或调整价格，能更及时有效地了解并满足顾客的需要。

3.网络介入全过程，营销管理大整合

互联网是一种功能强大的营销工具，它同时兼具市场调查、农产品推广与促销、电子交易、互动式顾客服务以及提供市场信息分析等多种功能。网络营销从农产品信息的发布，直至发货收款、售后服务，一气呵成，是一种网络介入全程的营销活动。

4.网络运营效率高，营销运作成本低

第一，网络媒介具有传播范围广、速度快、无时空限制、无版面约束、内容详尽、多媒体传送、形象生动、双向交流、反馈迅速等特点，有利于提高农产品营销信息传播的效率，增强农产品营销信息传播的效果，大大降低农产品营销信息传播的成本。第二，网络营销不需要店面租金成本，能减少农产品流通环节。第三，利用互联网，农户只需较小的成本就可以迅速建立起自己的销售网，将农产品信息迅速传递到市场中去。第四，购买者可根据自己的需求在全球范围内不受地域、时间的限制，快速找到能满足自己的需要的农产品并进行充分比较与选择，较大限度地降低了交易时间与交易成本。

四、农产品网络营销的模式

1.预售模式

无论是私人定制还是定期宅配，其实就是一种预售模式，提前把地里的菜和树上的果卖给你，只要解决了信任问题，食品很安全，食用很放心就够了。这里主要销售的是土地和服务，采用原生态的自然种植，不追求产量，以保证蔬菜、水果的品质，实现原产地高品质的果蔬直供。在食品安全形势严峻的今天，这种纯天然、无污染的自然品质诱惑，在产品单价和附加值上就有了很大的盈利空间，也更容易获得认可。

而对于私人定制操作就更简单了，提前把土地都租给你了，无论菜种得怎么样，都已经销售给你了，还能作为周末休闲旅游的一个日程活动。通过提供更多有价值的服务，提升客户或者消费者的体验，通过会员认领土地，自种或由合作基地负责耕种、管护，自然而然实现果蔬食品的可追溯。对其他诸如茶叶等非标志性的产品类，很大程度上首先解决的也是信任的问题，也就是诚信的积累，通过预先订购的方式，直接产生订单，有针对性地开展采摘和包装，这一类预售模式与其说卖的是一种产品，倒不如说是一种信任。就目前来说，对于相对高端的生鲜类产品，这是个好思路，也是提高产品附加值的一个捷径。

2. 现售模式

当前以及诸多先行者大多采取的都是现售模式，自身没有或者只有很少的规模化种植和养殖基地，通过自产或者严格筛选的产品进入销售端，这方面，土特产是最先触网的一批。例如南方的荔枝、菠萝、砂糖橘、蜜柚等，在出货量较大的情况下多数是从现有的农产品中挑选，进行电商化的销售。这种方式做起来比较费气力，做大做强需要克服一定的障碍。这种模式一方面受限于产品的层次不一；另一方面需花费大量精力淘产品，给电商的长期良性发展无形中增添了许多环节，再加上果蔬产品的季节性影响，由此带来的物流的高成本和保鲜技术或者说冷链物流的局限性，使得成本控制较难，这也是生鲜电商网站不容易盈利的一个关键。

五、农产品网络营销的方法

1. 搜索引擎营销

搜索引擎营销分两种：SEO 和 PPC。SEO，即搜索引擎优化，是通过对网站结构、高质量的网站主题内容、丰富而有价值的相关性外部链接进行优化而使网站对用户及搜索引擎更加友好，以获得在搜索引擎上的优势排名，为网站引入流量。PPC，是指购买搜索结果页上的广告位来实现营销目的，各大搜索引擎都推出了自己的广告体系，相互之间只是形式不同而已。

2. 电子邮件营销

电子邮件营销是以订阅的方式将行业及产品信息通过电子邮件

的方式提供给所需要的用户，以此建立与用户之间的信任关系。

3. 即时通信营销

顾名思义，即利用互联网即时聊天工具进行推广宣传的营销方式。

4. 病毒式营销

病毒式营销模式来自网络营销，利用用户口碑相传的原理，是通过用户之间自发进行的，是一种费用较低的营销手段。

5. 微博营销

微博营销是指通过微博平台为商家、个人等创造价值而执行的一种营销方式，也是指商家或个人通过微博平台发现并满足用户的各类需求的商业行为方式。

6. 微信营销

微信营销是网络经济时代企业营销模式的一种创新，是伴随着微信的火热而兴起的一种网络营销方式。微信不存在距离的限制，用户注册微信后，可与周围同样注册微信的"朋友"形成一种联系，用户订阅自己所需的信息，商家通过提供用户需要的信息，推广自己的产品，从而实现点对点的营销，比较突出的有体验式微营销。

第二节　农产品网络营销产品策略

一、农产品整体概念

农产品整体概念指的是供给市场，用于满足人们某种欲望和需求的与农产品有关的生产、加工、运输、销售、服务、场所、组织、思想等一切有用物。农产品整体概念是在市场经济条件下对农产品概念完整、系统、科学的表述，对于农产品市场营销管理具有重要的指导意义。

1.农产品的核心产品

农产品的核心产品即消费者购买某种农产品时所追求的基本效用，是消费者真正购买农产品的目的。如消费者购买水果是为了从水果中获取大量的维生素；购买鸡蛋是为了从鸡蛋中获取蛋白质等。消费者之所以购买农产品，是为了获取农产品的高营养价值、好的口感、高水平的卫生安全性，需要的是农产品的基本效用。因此，营销人员的营销目的也主要是向消费者介绍农产品的基本效用，从而达到销售的目的。

2.农产品的形式产品

农产品的形式产品是农产品核心产品实现的形式，是向市场提供的农产品实体的外观表现。主要包括农产品质量、特征、形态、品牌和包装。农产品质量是决定农产品畅销与否的最关键因素。农产品的特征、形态、品牌和包装也起着重要作用。

3.农产品的延伸产品

农产品的延伸产品也叫农产品的附加产品，是消费者在取得或使用农产品过程中所能获得的形式产品以外的利益。包括提供农产品的信贷支持、咨询与服务等。比如，农民购买种子前进行的介绍和栽培技术指导；购买大型农机具时申请贷款或国家相应补贴政策的使用；农产品或畜产品的分级、切割、保鲜工作，建立良好的配送服务等售后服务体系。因此，良好的服务是整体农产品中重要的一部分。加强农产品服务不仅能够增强农产品的竞争力，还能够提高农产品的附加值。

二、农产品包装策略

（一）农产品包装的含义

《农产品包装和标识管理办法》明确指出，农产品包装指对农产品实施装箱、装盒、装袋、包裹、捆扎等活动。农产品包装作为农产品加工的延续，是基础科学与应用科学的结合。良好的包装应该既反映产品的内在质量，又拓展产品的外在形象。一般说来，商品包装应该包括商标或品牌、形状、颜色、图案和材料等要素。真空塑料类的有利于农产品保鲜，盒装的有利于保护产品在运输等过程中免遭破坏。包装的颜色、材料、美观程度等决定着是否能给消费者规范、安全卫生感。通过农产品包装，既能保护商品、方便物流，体现商品的质量和价值，又能增加农产品的市场竞争力，提升附加价值，促进销售。在现代的营销体系中，包装被赋予了更多的意义，已成为产品策略的重要因素，有着识别、便利、美化、促销和增值的功能。包装已成为有力的营销工具之一。

（二）农产品包装的分类

包装分类是进行包装分析和包装设计的前提性工作，包装分类可按不同的标志进行区分，选择不同的标志将得到不同的包装分类方案。

1.按包装在流通过程中的作用分类

包装可分为运输包装和销售包装。运输包装又称大包装，食品运输包装大多为纸箱、木箱、金属桶、托盘、集装箱等。销售包装又称小包装或商业包装，与运输包装相比，销售包装更注重包装的促销和增值功能，通过装潢设计手段吸引消费者。销售包装常用的方式为瓶、罐、盒、袋及其组合包装。

2．按包装结构分类

包装可分为贴体包装、热收缩包装、携带包装、托盘包装、组合包装等。

（1）贴体包装　贴体包装是将产品封装在用塑料片制成的，与产品形状相似的型材和盖材之间的一种包装形式。

（2）热收缩包装　热收缩包装是将产品装入用热收缩薄膜制成的袋中，通过加热使薄膜收缩而完全包贴住产品的一种包装方式。

（3）携带包装　携带包装是在包装物上制有提手或类似装置，便于携带的包装形式。

（4）托盘包装　托盘包装是将产品或包装件堆码在托盘上，通过扎捆、裹包或黏结等方法而形成固定形状的包装形式。

（5）组合包装　组合包装是将同类或不同类商品组合在一起、形成一个搬运或销售单元的包装形式。

此外，还有悬挂式包装、可折叠式包装、喷雾式包装等。

（三）农产品包装的原则

1．保护性原则

食品的易腐易变性，使包装能否在设定的食品保质期内保全食品质量，成为评价包装质量的关键。

2．安全卫生原则

包装食品的卫生与安全直接关系到消费者的健康，是食品销售的基本前提，包装能否保护食品的卫生与安全是包装质量高低的重要衡量标准。

3．方便适销原则

包装应具有良好的方便性和促销功能，体现商品的价值和吸引力。不利于消费者使用，不能方便促销，就不是好包装。

4. 加工适应性原则

包装材料应易于加工成型，包装操作应简单易行，包装工艺应与食品生产工艺相配套。

5. 经济原则

包装成本是包装材料成本、包装操作成本与包装相关的投入之和。良好的包装应该是技术上可行，经济上合理，过高的包装成本造成的过度包装，其实质是浪费，应合理投入、适度包装。

（四）农产品包装关键策略

包装的关键最终综合反映在包装策略上，不同的包装策略会带来不同的营销效益。

1. 类似包装策略

企业对其生产的产品采用相同的图案、近似的色彩、相同的包装材料和相同的造型进行包装，便于顾客识别出本企业产品。对于忠实于本企业的顾客，类似包装无疑具有促销的作用，企业还可因此而节省包装的设计、制作费用。但类似包装策略只能适宜于质量相同的产品，对于品种差异大、质量水平悬殊的产品则不宜采用。

2. 再使用包装

再使用包装指包装内的产品使用完后，包装物还有其他的用途。如精美的食品盒可被再利用。这种包装策略可使消费者感到一物多用而引起购买欲望，而且包装物的重复使用也起到了对产品的广告宣传作用。但要谨慎使用该策略，以免因成本加大引起商品价格过高而影响产品的销售。

3. 附赠包装策略

积攒商品包装物附赠奖券或实物，或者包装本身可以换取礼品，吸引顾客的惠顾，引导重复购买。我国出口的芭蕾珍珠膏，每个包装盒附赠珍珠别针1枚，顾客购至50盒即可穿成一条美丽的珍珠项链，这种策略使这款珍珠膏在国际市场十分畅销。

4. 改变包装策略

改变包装即改变和放弃原有的产品包装，改用新的包装。由于包装技术、包装材料的不断更新，消费者的偏好不断变化，采用新的包装可以弥补原包装的不足。企业在改变包装的同时必须配合好宣传工作，以消除消费者以为产品质量下降等误解。

5. 更新包装策略

更新包装，一方面是通过改进包装使销售不佳的商品重新焕发生机，重新激起人们的购买欲；另一方面是通过改进，使商品顺应市场变化。有些产品要改进质量比较困难，但是，如果包装几年一贯制，总是老面孔，消费者又会感到厌倦。经常变一变包装，给人带来一种新鲜感，销量就有可能上去。

6. 复用包装策略

复用是指包装再利用的价值，它根据目的和用途基本上可以分为两大类：一类是从回收再利用的角度来讲，如产品运储周转箱、啤酒瓶、饮料瓶等，复用可以大幅降低包装成本，便于商品周转，有利于减少环境污染；另一类是从消费者角度来讲，商品使用后，其包装还可以作为其他用途，以达到变废为宝的目的，而且包装上的企业标志还可以达到继续宣传的效果。

7. 绿色包装策略

随着消费者环保意识的增强，绿色环保成为社会发展的主流。伴随着绿色产业、绿色消费而出现的绿色概念营销方式成为企业经营的主流。因此，在包装设计时，选择可重复利用或可再生、易回收处理，对环境无污染的包装材料，容易赢得消费者的好感与认同，也有利于环境保护和与国际包装技术标准接轨，从而为企业的发展带来良好的前景。如用纸质包装替代塑料袋包装，在羊毛材质衣物中夹放轻柔垫纸来取代硬质衬板，既美化了包装，又顺应了发展潮流，一举两得。

8. 开窗式包装策略

开窗式包装是指在包装物上留有"窗口"，让消费者通过"窗口"来直接认识和了解产品，其目的在于直接让消费者体会、认识产品的品质。

9. 分量式包装策略

分量式包装即对一些称重产品，根据消费者在不同时间、地点购买和购买量不同采用重量、大小不同的包装，也有些新产品，为让消费者试用而采用小包装，其目的在于给消费者以便利感、便宜感、安全感。

10. 等级式包装策略

由于消费者的经济收入、消费习惯、文化程度、审美眼光、年龄等存在差异，对包装的心理需求也有所不同。一般来说，高收入者、文化程度较高的消费层，比较注重包装设计的制作审美、品位和个性化；而低收入消费层则更偏好经济实惠、简洁便利的包装设计。因此，企业将同一商品针对不同层次的消费者的需求特点制定不同等级的包装策略，以此来争取不同层次的消费群体。

11. 礼品式包装策略

礼品式包装策略指包装华丽，富有欢乐色彩，常冠以"福""禄""寿""喜""如意"等字样及问候语，其目的在于增添节日气氛和欢乐，满足人们交往、礼仪之需要，借物寓情，以情达意。

三、农产品品牌策略

（一）农产品品牌的含义

农产品品牌是用以识别某个销售者或某群销售者的农产品或服务，并使之与其竞争对手的农产品或服务区别开来的商业名称及其标志，通常由文字、标记、符号、图案和颜色等要素或这些要素的组合构成。品牌是一个集合概念，它包括品牌名称、品牌标志两部分。其中，品牌名称指品牌中可以用语言称呼的部分，如蒙牛等；品牌标志是指品牌中可以被认出、易于记忆但无法用语言称呼的部分，通常由图案、符号或特殊颜色等构成。

（二）农产品品牌关键策略

品牌策略是整个产品策略重要的组成部分，为了使品牌在市场经营中更好地发挥作用，必须采取适当的品牌策略。品牌策略主要包括以下4种。

1. 品牌有无策略

产品是否使用品牌，是品牌决策者要回答的首要问题。创立品牌虽然对企业有很多好处，但并不是所有的产品都需要使用品牌。

可以不使用品牌的情况：某些产品本身不可能在加工制造过程中形成一定的特色，不易和其他企业的同类型产品相区别，如电力、煤炭等；生产简单，没有一定的技术标准、选择性不大的产品，如扫帚、簸箕、粮囤等；某些临时性或一次性生产的、消费者不是凭产品品牌决定购买的产品。

2. 品牌归属策略

如果企业决定使用品牌，则面临的是使用企业自己的品牌还是使用别人的品牌的问题。对于实力雄厚、生产技术和经营管理水平俱佳的企业，一般都使用自己的品牌，传统上绝大多数生产者也都使用自己的品牌。使用其他企业的品牌，如可以使用特许品牌或中间商品牌，这样做可以节约建立品牌的成本，降低品牌不成功带来的风险，但也会出现没有自己的品牌而受制于品牌拥有者的情况。

3. 品牌名称策略

企业决定其生产的各种不同产品，是使用一个统一的品牌，还是不同产品分别使用不同品牌的活动，就是品牌名称策略。品牌名称策略可以分为4种情况。

（1）统一品牌　统一品牌即企业所有的产品都统一使用一个品牌。统一品牌策略的优点在于可以扩大企业的影响，解除顾客对新产品的不信任感，节省品牌的设计费和广告费等。需要注意的是，只有该品牌已经在市场上享有较高声誉，而且各类产品质量水平相同时才可以使用。

（2）个别品牌　个别品牌即企业根据商品的不同质量、特点，分别采用不同的品牌。其优点是能严格区分不同质量水平的产品，便于消费者识别和选购所需要的产品，当个别产品品牌信誉不好时，也不至于波及整个企业。但采取这种策略管理上难度大，品牌设计和广告费用加大。

（3）同类统一品牌　同类统一品牌即对同一大类产品采用同一品牌，不同的产品大类品牌不同。采用这种策略主要是因为企业生产或销售许多不同类型的农产品，如果都统一使用一个品牌，这些不同类型的农产品就容易相互混淆。

（4）企业名称与个别品牌名称并用　企业名称与个别品牌名称并用，即在不同的产品上使用不同的品牌，但每一品牌之前冠以企业的名称。优点是既可以使农产品得益于企业已经建立起来的信誉，又可以反映每种农产品的特色。

4. 多品牌策略

多品牌策略是指企业同时生产经营两种或两种以上互相竞争的品牌。只要被商场或超市接受，多种不同的品牌就可以占用更大的货架面积，吸引更多的顾客。因为大多数消费者都是品牌转换者，发展不同的品牌才能有机会赢得这些品牌转换者，提高企业的市场占有率。

包装做得好，销量少不了

最初，许多农业企业都是 B2B 的销售模式，没有直接面向消费者的意识。2017 年阿里巴巴无人店铺开业，开启了零售新模式，线下超市盒马鲜生打造超市、餐饮、菜市场为一体的新零售业态；同年无印良品新增了蔬菜水果卖场，让消费者体验"无印良品式"的生活理念……这些新兴的消费场景，使更多农产品有了露脸的机会，而销售渠道的改变，也迫使它们在包装上必须遵循更加严格的标准，如图6-1所示。

如今，农产品已经过滤掉步步进阶的漫长过程，直接接受消费者的审美挑战，这是颠覆行业认知、树立品牌差异的好机会。包装能直接呈现品牌的调性和气质，高端抑或亲民，大众抑或精致，全部都落在外观上；这也对吸引消费者的注意力、激发购买欲起到了关键作用。很多农业企业花重金去进行营销推广，却在包装上得过且过。殊不知，包装是消费者摸得着的品牌温度，是重要的品牌传播媒介。

图 6-1　超市中各种精美包装的产品

如何利用包装来提升农产品的品牌价值？下面从包装的角度出发，结合"裕农""饭粗好"两个案例，剖析农产品如何在激烈的市场竞争中顺利突围。

好包装可以让 C 端反哺 B 端——"裕农"品牌策略

近几年，年轻群体的生活方式和健康理念发生了很大变化，对健身塑形愈发重视，越来越多的年轻人开始办健身卡，追寻健康的饮食搭配。

北京市裕农优质农产品种植公司（以下简称"裕农"），是首农集团旗下企业，2018 年北京奥运会核心区的蔬菜供应商，是一家集科研、农资、种植、加工、销售于一体的鲜切蔬果加工企业，长年为肯德基、必胜客等各大知名品牌供应蔬菜。随着品牌农业发展趋势愈发明朗，裕农也意识到，品牌的力量源于直面消费者的那一面，将战线由 B 端延展至 C 端是不得不做的战略调整。相比其他同类企业，它已具备成熟的全产业链布局及生产流程，拥有安全可靠的品牌基地，因此，将品牌在渠道打通、建立全新的品牌形象成为当务之急。

搭建裕农的品牌战略规划，需要从产品定位、规格、售价、包装材质、包装形象等多方面进行品牌塑造。蔬菜从市面上的大透明和大陈列的鲜艳包装中跳出来，在包装中融入巧妙的设计画面，让消费者可以直观地感受到蔬菜的新鲜和饱满的产品形象，如图6-2所示。从终端解决品牌形象和品牌认知问题，让 C 端口碑反哺 B 端，两头相互借力受益。

图 6-2　包装精美的裕农产品

好包装可以引发消费者共鸣——"饭粗好"品牌策略

粗粮，在众多的消费场景中，仍然是一个大而廉价的称斤品类。可以回想一下，粗粮都是谁在买？又都是在哪买？怎么买？答案大致是：妈妈们、奶奶们在买。在超市菜区，她们需要根据自身的需求将大袋子或大格子里的粗粮取出一部分再去称重。一定要说这一大品类的发展的话，那就是在养生理念盛行的今天，越来越多的年轻消费者意识到粗粮的好处，开始主动购买粗粮；同时也出现了一些简单的、小而美的品牌，力求打造出手工作坊的形象，让消费者放心地购买。

"饭粗好"是深圳五朵梅食品科技有限公司主打的一款配方杂粮系列产品，通过将产品做更精准的细分，"饭粗好"解决了消费者想吃粗粮却不知道怎么吃才是真的好的问题。整个系列都用一种近乎刻意的精致，刻画母亲为家庭操心的满足感，如图6-3所示。年轻妈妈的加入，更是让品牌迅速成长，传播也更快、更有效。母亲为家人的付出常常被忽略，"饭粗好"的出现改变了这一现状。它把日常饮食变得更加精致、更加有仪式感，不仅增强了母亲群体对"饭粗好"品牌的好感和信任，也认可了自己的付出，做食物时投入了更多的情感。

图6-3 "饭粗好"系列产品

从"饭粗好"这个言简意赅的品牌名称中，消费者直接接收到了"好粗粮"的信息。以"瓶"售卖，不会有装在小袋子里会生虫的担心，也不会有煮一次不想再煮但又怕变质的担心……如此贴心的设计，让追求更高生活品质的女性没有过多的心理负担。粗粮的品牌化，仅是通过一个包装，就发生了翻天覆地的变化。

好包装是无声的推销员，能使消费者一眼认出你的产品；同时作为品牌识别的一部分，承担着品牌信息的传达作用和商品的广告促销作用。因此，企业要根据产品的的特性、市场销售的特点、消费者的心理等因素，将农产品包装做好，用优秀的包装创意赋予农产品崭新的生命力，使自己的产品赢得更多消费者的青睐。

第三节　农产品网络营销定价策略

价格通常是影响产品销售的关键因素。企业营销活动能否成功，在一定程度上取决于定价是否合理。企业的定价决策就是把产品定价与企业市场营销组合的其他因素巧妙地结合起来，定出最有利的产品价格以实现企业目标。因此，定价策略是企业争夺市场的重要武器，是企业营销组合策略的重要组成部分。农产品营销的定价策略是农产品市场营销中的关键内容之一。

一、新产品定价策略

在激烈的市场竞争中，企业开发的新产品要想及时打开销路、占领市场和获得满意的利润，这不仅取决于适宜的产品策略，还取决于其他市场营销策略手段的协调配合。其中新产品定价策略就是一种必不可少的营销策略。一般来说，新产品定价有以下两种策略。

1. 高定价策略

高定价策略是在产品生命周期的最初阶段把产品的价格定得很高，以获取最大利润，犹如从鲜奶中撇取奶油。企业之所以能这样做，是因为有些购买者主观认为某些商品具有很高的价值。从市场营销实践看，在以下条件下企业可以采取撇脂定价策略：第一，市场上有足够的购买者，他们的需求缺乏弹性，即使把价格定得很高，市场需求也不会大量减少；第二，高价使需求减少，因而产量也相应减少，单位成本增加，但仍然能给企业带来利润；第三，在高价情况下，仍然独家经营，别无竞争者，因为在短期内仿制很困难，类似仿制品出现的可能性很小，竞争对手少。

2. 低定价策略

企业把创新的产品价格定得相对较低，以吸引大量顾客，提高市场占有率。采用渗透定价策略的条件是：第一，产品的市场规模较大，存在着强大的竞争潜力；第二，产品的需求弹性大，稍微降低价格，需求量会大大增加；第三，通过大批量生产能降低生产成本。

二、需求差别定价策略

需求差别定价，也称歧视定价，是指企业按照两种或两种以上不反映成本费用的比例差异的价格，销售某种产品或服务。需求差别定价有以下四种。

1. 以顾客为基础的差别定价

同一产品，对不同的消费者采用不同的价格和定价方式。其中，有的是由于不同的消费者对同一产品的需求弹性不同，分别对不同的消费者群体制定不同的价格。

2. 以产品改进为基础的差别定价

这种定价法就是对一项产品的不同型号确定不同的价格，但价格上的差别并不与成本成比例。

3. 以地域为基础的差别定价

如果同一产品在不同地理位置的市场上存在不同的需求强度，那么就应该定出不同的价格，但定价的差别并不与运费成比例。如我国的传统出口产品——茶叶、猪鬃等在国际市场上需求十分强烈，定价就应该比国内高得多。

4. 以时间为基础的差别定价

当产品的需求随着时间的变化而有变化时，对同一种产品在不同时间应该定出不同的价格。

三、折扣定价策略

折扣定价策略是企业对商品实行降价、减让部分价格，或加赠货品，另给一些津贴的一种定价策略。它给买方以优惠，鼓励顾客购买，争取顾客，借以达到扩大销售的目的。主要有以下几种形式。

1. 现金折扣

顾客用现金一次性交付或提前付款的，企业给予其一定的折扣率，鼓励买方用现金交易，减少赊销带来的麻烦和损失，以利加速资金周转。

2. 数量折扣

顾客购买商品达到一定数量时，企业按总数给予不同的折扣率，数量折扣又分为非累进折扣和累进折扣。非累进折扣应用于一次购货，规定购买某种产品达到一定数量，或购买多种产品达到一定金额，给予折扣优待，数量或金额越大，折扣越大。累进折扣是规定在一定时期内，同一顾客购买的商品达到一定数量或一定金额后，给予一定折扣，数量越大，折扣也越大，但折扣数额不可超过因大量销售所节省的费用额。

3. 季节折扣

制造商为了保持均衡生产，加速资金周转和节省费用，鼓励中间商早进货或淡季购买，企业按原价给早进货或淡季购买的中间商一定的折扣。季节折扣适用于季节性强的商品。

四、促销定价策略

促销定价主要包括牺牲品定价和心理定价。牺牲品定价是超市和粮油副食店以少数与人们日常生活息息相关的农产品作为牺牲品，降低价格，来吸引更多的顾客光顾超市，借以增加客流量，带动其他商品销售。心理定价是企业在制定价格时，运用心理学原理，根据不同类型消费者的购买心理来制定价格。包括尾数定价、高价、习惯定价、分档定价、整数定价和声望定价等。如超市苹果定价为9.96元/千克，是采用了尾数定价法；白灵菇定价20元/千克，则采用了整数定价法。

五、地区定价策略

地区定价策略是当把农产品卖给不同地区顾客时，决定是否实行地区差异价格。一般情况下，本地产品在本地销售价格要低一些，异地销售由于各项环节的产生，其价格自然相对高一些。主要地区定价方式有以下几种。

1. 产地定价

产地定价指顾客在产地按出厂价购买产品，卖主负责将产品运至顾客指定的运输工具上，运输费用和保险费全部由买方承担。这种定价方法对卖方来说是最简单最容易的，对各地区买主同样适用。主要适于一些鲜活农产品的销售，如蔬菜、水果等易腐农产品。

2.统一交货定价

不论买主所在地距离远近，都由卖主将货物运送到买主所在地，并收取同样的平均运费。优点在于简便易行，适于开拓异地市场，但对本地和近地区的客户不利。

3.分区定价

卖方将市场划分为若干区域，分别制定不同的地区价格。例如，山东某大型蔬菜批发基地将其市场划分为北京市场、天津市场、济南市场等不同的区域，分别制定蔬菜价格。

4.基点定价

选定某些城市作为基点，然后按"厂价＋运费"的方式来定价，运费是从基点城市到消费者所在地的运费。

5.运费免收

定价由卖方全部或部分承担运费，买方只需支付农产品价款。但前提是销售存在规模经济，规模经济可以降低农产品的平均成本，将运输成本进行内部消化。

链农：如何降低农产品价格和损耗

食材采购是餐饮商家的刚需，但国内农产品流通链条过长，不仅导致价格高，损耗也非常严重。链农打算改变这种状况。它为中小餐饮商家提供一站式、全品类食材采购服务。它汇集商家的需求后，到一级销售地进行大批量采购，因此可以缩减中间环节，降低采购成本。此外，链农还可以为商家提供送货上门服务。

链农创始人刘源是一个连续创业者，2000年大学毕业后，先后在瑞星和江民两家杀毒软件公司做程序员，后来曾创办过折扣网和西米网，但都遭遇"小败局"。2011年10月底，西米网正式关闭，刘源把域名还给了天使投资人姚劲波。此后两年里，刘源一直在反思创业过程，同时寻找新的机会。

有一次，他和北京国贸地区的一位餐饮店老板聊天，对方抱怨农产品价格太高，还需要负担人力和运输成本，加大了企业的负担。这让出身河南农村的刘源眼睛一亮，他意识到，"中国农业产业链需要变革了"。由于中国的农产品链条非常长，从种植到消费经历了四五个环节，每个环节都加价百分之几十，这就造成了"菜贱伤农，菜贵伤民"的现象。因为产业链条长，也导致农产品腐损率高达20%~30%，而在欧美国家，这个数字还不到5%。

刘源认为，"中国80%的食材流通方式依赖于农贸市场，而美国仅仅是20%。我们可以像欧美那样，建立很多连锁超市，也可以利用好互联网"。刘源对电商情有独钟，于是开始打造基于电商的链农项目。

链农首先聚焦于解决中小餐馆的食材采购问题。通常，中小餐馆由于采购量小，导致议价能力弱。链农汇集大量中小餐馆的需求后进行集采，从而增强了议价能力，可将食材价格下降20%左右。对于餐馆来说，这意味着可以简化采购流程，减少采购人员，节省运营成本。现阶段，链农的食材都是从二级市场（批发市场等）采购。在需求量积累到一定程度后，链农打算直接去一级市场（蔬菜源产地）采购，以进一步优化采购链。

食材采购之后，接下来的问题是如何快速送达，链农为此专门建立了配送团队。商家通常会在晚上下单，当订单信息确定后，链农会在凌晨发车进货，第二天把食材送货上门。

刘源认为，链农的模式具有较强的可控性。"由于B端订单数量相对偏小，所以物流配送压力不会像餐饮外卖那么繁忙，而B端用户还具有位置和品类的稳定性，可实现定时定点配送，也大大降低了库存压力。"在他看来，这种商业模式决定了链农的采购渠道和服务商户相对稳定集中。"需要做的仅是了解市场需求，然后整合、采购、分拣，最后定时上门配送。"

第四节　农产品网络营销渠道策略

一、农产品营销渠道的含义

农产品营销渠道指农产品从生产者向消费者转移过程中的路线和途径，即商品实体形态的运转路线和所有权的转移过程。有人认为一条营销渠道包括某种产品产供销过程中所有的企业和个人，如原料供应商、生产者、中间商、辅助商(运输企业、公共货栈、广告代理商、市场研究机构等)以及最终消费者和用户。

也有人认为，一条营销渠道主要包括中间商、生产者和消费者(具有交易功能的中间商联络通道)，而不包括原料供应商和辅助商，无论哪一种观点，农产品营销渠道的起点都是生产者，终点都是消费者；农产品在由生产者向消费者转移的过程中，至少要转移商品所有权1次；营销渠道反映了商品实体运动的空间路线。如小麦由农户卖给当地粮站再集中运转到地方粮库，再转运到中转粮库，再供给面粉厂。

二、农产品营销渠道的选择策略

农业企业分销渠道的选择，不仅要求保证产品及时到达目标市场，而且要求选择的分值渠道销售效率高，销售费用少，能取得最佳的经济效益。因此，农业企业在进行分销渠道选择前，必须综合分析企业的战略目标、营销组合策略以及其他能影响分销渠道选择的因素，然后再做出某些相关决策，如是否采用中间商，分销渠道的长短、宽窄，具体渠道成员等。

（一）直接销售与间接销售的选择策略

这个问题实质上就是可否采用中间商的决策。企业在选择时，必须对产品、市场、企业营销能力、控制渠道的要求、财务状况等方面进行综合分析。虽然中间商的介入给农业生产者及消费者带来很大的好处,但没有中间商介入的销售即直接销售也具有很多优点，如销售及时、节约费用、加强推销、提供服务、控制价格、了解市场等。另外，直接销售使产品的整个销售职能完全落在农业生产者的身上，完成这些职能的费用也完全自己负担。事实上，生产量大、销售面广、顾客分散的产品，任何企业都没有能力将产品送到每一个消费者手中，即使能送到也是不经济的，因此这些企业只能选择间接销售渠道。一般来说，大宗原材料用户购买量很大，购买次数少，用户数量有限，宜采用直接销售。生产资料产品技术复杂，价格高，用户对产品规格、配套、技术性能有严格要求,需要安装和维修服务，交易谈判时间较长，也宜采用直接销售。生活用品中的一些容易变质的产品和时尚产品，以及价格昂贵的高档消费品，也可采用直接销售。而大多数生活资料以及一部分使用面广、购买量小的生产资料，宜采用间接销售。另外，在进行此类选择时，营销能力、财务、控制渠道的要求也必须考虑在内。例如，有的企业产品从产品与市场分析，应该采用直接销售，然而，因为销售力量太弱，或因财务困难，也不得不选择间接销售渠道。

（二）分销渠道长短的选择策略

所谓分销渠道长短，是指产品从生产者到最终用户所经历的中间环节的多少。当企业决定采用间接分销时，就要考虑渠道层次的多少。分销渠道越短，生产者承担的任务就越多，信息传递越快，销售越及时，就越能有效地控制渠道。越长的分销渠道，中间商承担的任务就越少，信息传递就越慢，流通时间越长，生产者对渠道的控制就越弱。生产者在选择时，应综合考虑生产者的特点、产品的特点、中间商的特点以及竞争者的特点，再加以确定。

（三）分销渠道宽窄的选择策略

分销渠道的宽窄是指分销渠道中的不同层次使用中间商数目的多少。主要有三种可供选择的策略。

1. 广泛分销策略

广泛分销策略也称密集分销策略，是指生产者利用很多的中间商经销自己的产品。其特点是充分利用场地，占领尽可能多的市场供应点，以使产品有更多展示、销售的机会。这类产品的消费者在购买使用时注重的是迅速、方便，而不太重视产品品牌、商标等。这种策略的优点是产品与顾客接触机会多，广告的效果好，但生产者很难控制这类渠道，与中间商的关系也比较松散。一般来讲，生产者要负担较高的促销费用，设法鼓励和刺激中间商积极推销生产者的产品。

2. 选择性分销策略

选择性分销策略是指生产者从愿意合作的中间商中选择一些条件较好的中间商去销售自己的产品。其特点是生产者在某一市场上选用少数几个有支付能力、销售经验、产品知识及推销知识，信誉较好的中间商推销产品。它适用于顾客需要在价格、质量、花色、味道等方面精心比较和挑选后才能决定购买的产品。这种策略的优点是减少了生产者与中间商的接触，每个中间商可获得较大的销售量，有利于双方合作，提高渠道的运转效率，而且还有利于保护产品在用户中的声誉，便于生产者对渠道的控制。

3. 独家分销策略

独家分销策略指生产者在一定的市场区域内仅选用一家经验丰富、信誉卓著的中间商销售生产者的产品。在这种情况下，双方一般都签订合同，规定双方的销售权限、利润分配比例、销售费用和广告宣传费用的分担比例等；生产者在特定的区域内不能再找其他中间商经销其商品，也不准许所选定的中间商经销其他生产者的同类竞争性产品。这种策略主要适用于顾客挑选水平很高、十分重视品牌商标的特殊品，以及需要现场操作表演和介绍使用方法的产品。

独家分销策略的优点：易于控制市场的产品价格，可以提高中间商的积极性和销售效率，更好地服务市场；有利于产销双方相互支持和合作。缺点：在该市场区域内，生产者过于依赖该中间商，容易受其支配；在一个地区选择一个理想的中间商并不容易，如果选择不当或客观条件发生变化，可能会完全失去市场；一个特定地区只有一家中间商，有可能因为推销力量不足而失去许多潜在顾客。

第五节　农产品网络营销促销策略

农产品促销是指农业生产经营者运用各种方式方法，传递产品信息，帮助与说服顾客购买本企业或本产地的产品，或使顾客对该品牌产品产生好感和信任，以激发消费者的购买欲望，促进消费者的消费行为，从而有利于扩大农产品的销售等一系列活动。

一、农产品促销的特点

与工业品的促销活动相比，农产品的促销活动在许多方面都有其特点。

1. 农产品促销活动的实施

农产品促销活动中，主要由规模较大的专业户、龙头企业或政府牵头实施，规模较小而且分散的农户由于受到资金、利润、收益的限制往往不能也不愿投入产品促销活动，而一般只参与和自己利益相关的、规模较小的营业推广活动。

2. 促销产品具有产地化、差异化、个性化特征

产地化是指促销活动传递的信息是某个特定产地的产品信息，促销活动激发顾客对该产地产品的购买行为。一方面某一产地的特色产品体现了该产地的品牌作用；另一方面产地的大气、水源、土壤环境质量等是影响产品卫生、安全、质量的主要因素。

差异化是指农产品的促销应该更多地传递本产品"与众不同"的信息，满足顾客多样化的需求。由于农产品的需求弹性较小，不宜采取大幅降低价格的手段进行促销，价格对顾客购买行为的刺激作用并不强。因此，农产品促销应该向顾客传递产品的差异之处，依靠产品的差异化(比如绿色、安全、营养特性等)影响顾客的购买行为。

个性化是指促销活动传递的信息应该强调产品的个性特征，如地方特色产品的促销。随着人民生活水平的提高，特别是消费观念

的变化，人们对多年不变的"大路货"农产品兴趣趋淡，而对供不应求的新、鲜、奇、特、精、优的农产品兴趣盎然，使这些农产品逐渐成为消费热门和新时尚。为了解决大宗农产品过剩与消费者需求不足的矛盾，必须把准市场脉搏，紧跟市场竞争形势，大力发展热点、时尚的农产品，并通过促销活动传递这些产品信息，最大限度地刺激和满足人们的需求与欲望，才能使这些农产品畅销不衰。

3. 农产品促销形式异常丰富

由于农业经营者在农产品生产过程中往往获得多种主产品及副产品，如果将产品进行最初级的加工，便能形成更多的纵向产品，对各种产品进行组合，就形成多种多样的赠送、推广促销形式。农产品促销手段的独特性体现在许多方面，如由于农产品需求价格弹性较小，所以降价促销一般效用不大；由于人们对卫生、安全食品需求较大，因此对绿色产品信息进行传递往往效用较大；近年来，由于人们生活节奏加快，因此"送货上门""净菜除壳"等新的促销技巧较受消费者的欢迎。

二、农产品促销策略

从促销形式上看，可以将农产品促销分为广告促销、人员推销、关系营销、营业推广4种形式。

（一）广告促销

广告促销就是通过媒体向用户和消费者传递有关商品和劳务信息，达到促进销售的一种促销手段。我国许多农产品的营销者仍然遵循着旧观念，固守市场，导致市场范围越来越小，竞争力越来越弱，占有率越来越低。随着市场营销环境的变化，广告已成为促销的主角，肩负着创名牌和增效益两大特殊使命。极小的广告范围，是很难使中国的农产品走向国内外市场的，因此，应结合农产品个性特征挖掘其独有魅力，做好广告宣传。根据媒体不同，可以将广告分为以下几种主要形式。

1. 报纸广告

报纸是传统的媒体形式，仍然发挥着重要作用。广告具有成本低、面向广等优点，缺点是阅读者并不注意广告内容，因此农产品通过报纸推广应该尽量采取新闻附带产品信息的形式促销。

2. 杂志广告

杂志媒体的读者相对集中，近年来各个地方的农村经济社会发展也较快，广告处于上升阶段，有着很大的发展潜力。由于农村经济或相关商业信息杂志的阅读群主要是一些组织用户，而并不是消费者，所以杂志广告必须是针对一些组织用户进行促销。

3. 广播广告

广播广告以广播作为媒体，通过语言和音响效果等听觉诉求方式来传递产品或劳务信息。广播广告具有不受时间、空间限制，覆盖面广；传收同步，信息快捷；传播次数多，周期短，信息容量大；制作简便，播出灵活，费用低廉等优点。然而广播广告只作用于听觉，无法传播农产品的外观品质，而农产品的外观质量信息是刺激消费者购买欲望的一个重要因素，因此广播广告必须结合其他推广方式对农产品的外观质量进行重点传播。

4. 电视广告

电视广告是以电视作为媒介，以视觉形象和听觉形象相结合的形式来传递产品或劳务信息的广告。电视广告从声音和图像两个方面向观众传播信息，时效性强，直观性强，宣传效果好，可以在短时期内迅速提高企业和产品的知名度。电视广告的优点是收视率高，传播面广；声像兼备，诉求力强，能够以感人的形象、优美的音乐、独特的技巧给观众留下强烈的印象；传递迅速，不受空间限制，并有娱乐性。它的劣势在于传播稍纵即逝，广告信息不易保存，对商品的性能、特点、规格等不可能做详细的说明。

5. 网络广告

网络广告即借助网络发布产品信息，进行促销活动。互联网具有全球性、互动性和实时性等优点，将农产品登录互联网，开展网络营销，可以将互联网的优点发挥得淋漓尽致，弥补传统流通模式低效的缺点。农产品生产者和销售者可以根据自己的需要发布信息，如农产品的品种、价格等信息，同时也可以通过互联网了解世界各地的市场信息和用户的需求，根据市场信息和网络用户的需求，进行生产和网上促销活动。

（二）人员推销

人员推销是指企业通过派出销售人员与一个或一个以上可能成为购买者的人交谈，做口头陈述，以推销商品，促进和扩大销售。人员推销有助于生产者和消费者的双向交流。农产品由于其质量信息无法从外观直接观察，所以不应该单纯以广告或其他单向交流形式去培养消费者的品牌意识和顾客的忠诚度，而是应结合双向交流的形式达到目的。

（三）关系营销

关系营销是指把营销活动看成是一个企业与消费者、供应商、分销商、竞争者、政府机构及其他公众发生互动作用的过程，其核心是建立和发展与公众的良好关系。由于农产品的促销活动一般由政府和当地新闻媒体一起发动，所以依靠公共关系进行产品促销往往能够取得较好的效果。

（四）营业推广

营业推广是指除了人员推销、广告和公共关系之外的，在短期内用以刺激顾客或其他中间机构（如零售商）迅速和大量地购买某种特定产品或服务的活动。营业推广根据推广对象不同可以分为3种类型。

1．对消费者的营业推广

此种营业推广主要有以下形式：

（1）赠品推广　一方面，农业生产者在农产品生产过程中可以收获多种主副产品；另一方面，消费者对农产品也有多方面的需求，实际表现为不同产品需求的组合，所以对产品进行组合或赠送促销是一种可行的办法。

（2）快捷服务　随着人们生活节奏的加快，对农产品的需求也增加了。送货、去净等快捷服务越来越受到消费者的欢迎，具有良好的市场前景。

（3）免费品尝　农产品的口感质量是无法通过外观完全得以体现的，免费品尝的促销活动是传递产品"美味"信息的最好途径。

2．对组织用户的营业推广

此类营业推广从推广途径上看，主要有以下两种形式。

（1）农产品交易会　交易会的具体形式包括农产品促销会、展销会、博览会等。农业经营者通过交易会宣传本企业的产品，展示新品种，通过营业推广结识更多的朋友，获取所需的信息，吸引消费者前来购买，有利于扩大销售。

（2）农产品拍卖会　农产品本身的性质是鲜活易用、不易久存等，需要快速便捷的流通以到达消费者手中。拍卖促销可以减少流通环节，降低交易费用，有效地提高交易效率和物流效率。

3. 对推销员的营业推广

近年来，农村流通中介人发展非常迅速，对推销员的营业推广将成为农产品促销的重要内容。广大农户可以对推销员实行折扣鼓励、配套优惠等促销手段。而龙头企业则可根据推销员的工作业绩，给予适当奖励，如给予一定数量奖金，或提供免费旅游，或提供培训学习机会，也可根据推销人员推销的数量或金额，给予一定比例提成等。

农产品促销组合就是把上面的四种主要促销方式进行综合运用，形成一个系统性的促销策略，以达到促进农产品销售的目的。

社交电商——直击上行"痛点"

因为很少亮相于公众媒体，云集微店（现已更名为云集）在电商之都杭州知名度并不高。与阿里、网易等明星企业相比，2015年才成立的云集微店确属新秀，但势头却不容小觑。

按理说，云集微店创立时，电商红海巨头林立，留下的空间早已所剩无几，但有着15年实战经验的电商老兵肖尚略所瞄准的，正是刚起步的社交电商。"如果说风起云涌的互联网电商，是通过'搜'和'逛'完成商品交易，那么到了今天，当个性化消费需求升级，海量供给到底如何高效精准链接，这里的商业空间巨大，而社交网络就可以做到。"肖尚略说。

社交电商，顾名思义，就是基于人脉和信任，借助社交媒介达成购买。人们习惯于想到"微商"，而云集微店要做的，显然不仅于此。开网店一度风靡全国，但实际上，门槛越来越高：首先需要投入大量资金，用于进货、美工、营销，还要操心售前售后服务、广告投放、打包发货等，最后还得从微薄的利润中挤出资金向平台买流量。

肖尚略告诉记者，云集微店的模式打破了这一模式：店主在平台上开店，只需扮演导购员角色，销售之外的所有环节，包括货源组织、客服、内容、仓储配送、售后服务等，全由平台承包。

在云集微店平台上开店的店主大多为兼职，这些散落的个人替代了原来传统的媒介和渠道，而依托平台整套供应链服务的形式，则为商品质量提供了保证。更重要的是，这种模式恰好解决了流量获取的问题，相比过去"中心化"的电商平台，基于细分领域的个体影响力，有着更快的传播速度和更广的传播面。

本章内容主要包括农产品网络营销的概述、产品策略、定价策略、渠道策略、促销策略。

农产品网络营销是指在农产品销售过程中，全面导入电子商务系统，利用信息技术，进行需求、价格等发布与收集，以网络为媒介，依托农产品生产基地与物流配送系统，为地方农产品提升品牌形象、增进顾客关系、改善对顾客的服务、开拓网络销售渠道并最终扩大销售。

农产品网络营销产品策略是指农业企业在其产品营销战略确定后，在网络营销实施中所采取的一系列有关农产品本身的具体营销策略，包括农产品包装策略和农产品品牌策略。

农产品网络营销定价策略是农产品市场营销中的关键内容之一。

包括新产品定价策略、需求差别定价策略、折扣定价策略、促销定价策略和地区定价策略。

农业企业在进行分销渠道选择前，必须综合分析企业的战略目标、营销组合策略以及其他能影响分销渠道选择的因素，然后再做出某些相关决策，如是否采用中间商，分销渠道的长短、宽窄，具体渠道成员等。

农产品网络营销促销是指农业生产经营者运用各种方式方法，传递产品信息，帮助与说服顾客购买本企业或本产地的产品，或使顾客对该品牌产品产生好感和信任，以激发消费者的购买欲望，促进消费者的消费行为，从而有利于扩大农产品的销售等一系列活动。

第七章
农产品电子商务品牌建设

　　近年来，随着互联网的日益普及，我国农业发展紧跟时代步伐，形成"互联网＋农业"的发展大趋势，网络优势为农产品的销售提供了更多的渠道，农产品的电子商务化越发受到人们的关注。在农产品电子商务化的同时，我国农产品品牌还处于低、小、散的水平，知名品牌相对较少，品牌知名度和总体竞争力还不强等问题突出，农产品仍然存在买卖困难的问题，因此农产品的品牌化就显得尤为重要。我国农业生产区域分布广、产品丰富、差异性强，各地的自然资源、文化资源都各有不同。这些都为农产品品牌的打造提供了独特的优势。同时，加快农产品品牌建设是促进农业供给侧结构性改革、转变农业发展方式的重要抓手，是打造优势特色农业产业、促进农业全面振兴的迫切需要。农产品品牌化不单是农产品电商发展的需求，同时也必然会推动着农产品电商的不断完善和向前发展。

知识架构

农产品电子商务品牌建设

品牌含义及其作用

农产品品牌

农产品电子商务品牌化建设方面存在的问题

农产品电子商务品牌化建设实施途径

第一节　品牌含义及其作用

一、品牌的含义

目前，国内外品牌理论对品牌的内涵有多种定义。比较有影响的品牌定义大体上可以归为：符号说、关系说、拟剧说、资产说、综合说等。

1. 符号说

符号说着眼于品牌的识别功能，它从最直观、最外在的表观出发，将品牌看作是一种标榜个性、具有区别功能的特殊符号。例如，美国市场营销协会 (AMA) 的定义：品牌是用以识别一个或一群产品或劳务的名称、术语、象征、记号或设计及其组合，用以和其他竞争者的产品或劳务相区别。美国营销学家菲利普·科特勒的定义：品牌是一个名字、称谓、符号或设计，或是上述的总和，其目的是要使自己的产品或服务有别于其他竞争者。

2. 关系说

关系说从品牌与消费者沟通功能的角度来阐述，强调品牌的最后实现由消费者来决定，是与消费者的情感密不可分的。例如，美国奥美公司认为：品牌是消费者与产品的关系，消费者才是品牌的最后拥有者，品牌是消费者经验的总和。

3. 拟剧说

品牌是企业或者产品在社会传播情境中力争理想的角色（超自我）表演，以预先建立的行为模式在与消费者接触的时候交互影响，从而达成某种程度的认知印象。

4.资产说

资产说站在经济学、管理学的立场上，从品牌具有的价值特点出发，侧重于品牌在市场运营中的作用，认为品牌是一种无形资产。中国台湾营销学者陈伟航指出：品牌会渗透人心，因而形成不可泯灭的无形资产。现在越来越多的企业开始重视品牌建设，更多的人赞同品牌即企业的无形资产学说。

5.综合说

综合说从品牌的信息整合功能上入手，将生产、营销与时空变化结合起来分析品牌。如奥美的创始人奥格威在 1955 年给出的定义：品牌是一种错综复杂的象征，它是商品的属性、名称、包装、价格、历史、声誉、广告风格的无形组合。也有学者认为，品牌是一个系统，一个包括产品与服务功能要素（如用途、品质、价格、包装等）、厂商和产品的形象要素（如图案、色调、广告、音乐等）、消费者的心理要素（如对企业及其产品和服务的认知、感受、态度、体验等）在内的多维综合体。美国营销学权威菲利普·科特勒认为一个品牌能表达出 6 层意思：①属性，表达出该产品区别于其他产品的特定属性。②利益，给购买者带来的物质和精神上的利益。③价值观，体现了该产品制造商的某些价值感。④文化，品牌可能附加和象征了一定的文化。⑤个性，和人一样，品牌传达出与众不同的个性。⑥使用者，品牌还体现了购买或使用该产品的消费者的特征。

综合说比较符合中国语义的"品牌"含义，余明阳等的定义比较全面准确地反映了品牌的实质，本书将借鉴这一定义作为进一步研究的基础。余明阳（2009）给出的定义是：品牌是能够给拥有者带来溢价、产生增值的一种无形资产，它的载体是用以和其他竞争者的产品或者劳务相区分的名称、属性、象征、记号或设计及其组合，增值的源泉来自在消费者心里形成的关于其载体的印象。

二、品牌的特征

品牌是多学科领域的概念。本书研究的品牌属于经济、管理学的范畴，在经济、管理学科中，品牌的独特性表现在以下几个方面。

1.品牌的表象性

品牌是企业的无形资产，不具有独立的实体，不占有空间，但它最原始的目的就是让人们通过一个比较容易记忆的形式来记住某一产品或企业，因此，品牌必须有物质载体，需要通过一系列的物质载体来表现自己，使品牌有形化。品牌的直接载体主要是文字、图案和符号，间接载体主要有产品质量、产品服务、知名度、美誉度、市场占有率。没有物质载体，品牌就无法表现出来，更不可能达到品牌的整体传播效果。

2.品牌的专有性

品牌是用以识别生产者或销售者所提供的产品或服务的。品牌拥有者经过法律程序的认定，享有品牌的专有权，有权要求其他企业或个人不能仿冒、伪造。这一点也是品牌的排他性。然而，中国的企业在国际竞争中没有很好地利用法律武器，没有发挥品牌的专有权，近年来不断有国内的金字招牌在国际市场上遭遇尴尬局面："红塔山"在菲律宾被抢注，中国有100多个品牌被日本抢注、180多个品牌在澳大利亚被抢注……人们应该及时反省，充分利用品牌的专有权。

3.品牌的信用性

品牌的本质是体现品牌产品生产者的信用，使消费者通过品牌联想到品牌产品的质量、功能、文化等特征。

4.品牌信息的丰富性

品牌既包括了名称、标志等显性要素，也向消费者传达了包括产品质量、营销服务、市场声誉等内在的信息，代表了品牌建设者的承诺和消费者的体验。

5.品牌的价值性

品牌具有知名度与忠诚度，可以降低企业的费用，在如今竞争激烈的市场中，拥有品牌的企业可以在销售产品时以更高的价格出售自己的商品，在和其他同类竞争者竞争的过程中，品牌能够带来竞争优势，因此，品牌是有价值的。

6.品牌的系统性

品牌与品牌产品本身、品牌拥有者、供应商、消费者、中间商、竞争者、大众媒体、政府、社会公众等利益相关群体共同构成了一个相互作用、相互影响的生态系统，品牌生态环境的营造，品牌生态系统的管理是品牌理论研究的重要内容。

7.品牌的扩张性

品牌具有识别功能，代表一种产品、一个企业，企业可以利用这一优点展示品牌对市场的开拓能力，还可以帮助企业利用品牌资本进行扩张。

三、品牌的功能

在产品日益同质化的时代，产品的物理属性已经相差无几，唯有品牌给人以心理暗示，满足消费者的情感和精神寄托，因为品牌是以某种独特的个性与竞争者区别开来的。下面将详细介绍品牌的功能。

1.识别功能

品牌的基本功能是识别品牌的产品或服务，并将它与竞争对手区分开来，品牌的识别功能来自品牌形式的独特性。

2.保护功能

品牌或品牌的一部分一旦进行商标注册，就对品牌的这种资产具有法律保护功能，即可以利用法律武器，防止和打击品牌假冒或抄袭行为。

3.信息功能

品牌可以传达有关企业特色、企业给市场带来的利益、企业价值观、服务对象等信息，品牌信息虽然比较抽象，但比较简括，比较有联想空间，并且比较好记。品牌信息的优点在信息时代尤其突出，消费者面对爆炸式传播的信息，其接收和处理信息的能力是有限的，因此，品牌作为浓缩的、简括的、好记的市场信息越来越受消费者欢迎。

4.承诺功能

品牌实际上是以公司的信誉对消费者进行承诺，对产品或服务的担保。品牌的承诺功能就是一种保险功能，品牌，尤其是著名的品牌，有助于降低消费者的各种购买风险，从而促进产品或服务的购买。消费者的购买风险有：对产品或服务的质量、性能等不很了解；营销商的价格不诚实；为更多地搜集公司信息而花费的时间成本；社会评价，即社会对产品的评价低于消费者个人的评价。

5.情感功能

品牌形象的个性化或人格化使品牌具有情感功能。品牌的情感功能常常通过广告、公共关系和形象代言人等促销方式得以发挥，因为广告、公共关系和形象代言人都是最能诉诸情感的促销方式。

6.定位功能

品牌是一种市场定位，即一家公司或其产品在目标市场（顾客）

心目中的位置，也就是目标市场对公司或其产品的心理评价。

7.激励功能

员工参与公司品牌的建立过程就是他们接受品牌所代表的公司价值和公司文化的过程，企业可以利用员工的品牌意识对员工进行价值激励和文化管理。

8.增值功能

品牌能满足消费者特殊的心理需要，并给他们带来额外的利益，因此，能在市场上产生溢价或增值。

第二节　农产品品牌

一、农产品品牌的界定

由于农产品品牌研究在中国起步较晚，至今还没一个被学者广泛认可的适合中国国情的概念。有学者尝试按照个人的研究结论为农产品品牌下一个尽可能准确的定义。胡晓云在 2007 年指出，农产品品牌是指由农民等生产经营者通过栽培作物和饲养牲畜等生产经营活动而获得的特定产品，经由一系列相关符号体系的设计和传播，形成特定的消费者群、消费联想、消费意义、个性、通路特征、价格体系、传播体系等因素综合而成的特定的整合体。白光在 2006 年给农业品牌下了一个定义，他认为，农业品牌是指农业生产者或经营者在其农产品或农业服务项目上使用的用于区别其他同类和类似农产品或农业服务的名称及标记。白光还指出，有人曾试图将农业品牌、品牌农业和农产品品牌加以区分，其实没有什么必要。

农产品品牌不等同于农业品牌，农业品牌是指农业领域内，主体之间区别于本地域、本企业、本企业产品等资源与产品的所有标志、名称等标志性符号。农业品牌的外延要大于农产品品牌，农业品牌主要包括农业生产资料品牌、农业生产产品品牌、农业生产服务品牌。农业生产资料品牌和农业服务品牌虽然影响农产品品牌的建设，但不是消费者最关心的问题，农业生产产品品牌简称农产品品牌，是消费者最关心的问题。因此，本书将农产品品牌界定为：附着在农产品上的某些独特的能够与其竞争者相区别的标记符号系统，代表了农产品拥有者与其消费者之间的关系性契约，向消费者传达了农产品信息的集合和承诺；农产品的质量标志、品种标志、集体品牌和狭义的农产品品牌共同构成了农产品品牌的系统，使农产品品牌呈现出复杂性和多样性。

二、农产品品牌的特征

（一）农产品品牌表现形式的多样性

广义的农产品品牌包括农产品的质量标志、农产品的品种标志、农产品集体品牌和狭义农产品品牌。农产品品牌表现形式的复杂性是由农产品的特点所决定的，农产品市场的逆选择现象严重，为了消除逆选择现象，必须由具备公信力的机构对农产品质量给予评价，然后将评价结果及质量等级和地理标志贴在农产品上，以方便消费者选择。质量标志和地理标志，都是显示农产品具有某些特定的自然和人文特色功能的农产品标志；种质标志是农产品种子品种的标志，种子决定产品，离开了种质标志，人们无法辨别该产品的属性及根源；集体品牌体现农产品的区域特征，帮助消费者认识农产品的出处；狭义农产品品牌是农产品质量、功能等特征的集中体现形式。以上这些表现农产品质量、特色的符号和标志都是农产品品牌的表现形式。

（二）农产品品牌效应的外部性

农产品品牌效应的外部性表现在以下方面：第一，地域品牌产生的外部性。地理标志产品的质量或特征主要或全部源于地域环境，包括自然因素和人文因素。按照世界贸易组织的规则，原产地标识制度是一种免费制度，是由国家来提供担保的。因此，地理标志是公共物品，具有外部性，如"赣南脐橙""南丰蜜橘"等农产品的地理品牌，不仅为赣南、南丰本地农产品带来了较高收益，而且还为全省农产品在全国树立了好的口碑，提升了江西省农产品在全国的知名度。第二，无公害产品、绿色食品以及有机食品等品牌称号产生的外部性。"三品"的概念，构成了食用农产品安全生产的基本框架，是政府为了解决近年来日趋严重的农产品质量安全问题而推行和倡导的政府行为，由于政府及社会各界的宣传推动了绿色消费的时尚潮流，"三品"在市场上更容易获得认同，使用"三品"标志的产品能够以比较高的价格销售。商品生产者以比较低的市场开发费用赢得消费者。"三品"标志，是一种品牌形象，而且是获得"三品"认证农产品的整体品牌。"三品"标志具有外部性，使农产品生产者一旦获得"三品"认证，就得到了免费的利益。第三，某个品牌产生的外部性。品牌具有引领时尚的倡导作用，如伊利的"大草原"品牌概念的传播，使消费者对该类产品形成了某种认知。由于农产品品牌建设起步比较晚，一些小品牌借用已经形成的品牌效应，如伊利之后，其他品牌也把自己打扮成草原牛奶，出现了"内蒙古草原""大理天然牧场""新疆天山牧场""阿坝草原"，如此等等，伊利花费巨资打造的草原概念被其他品牌无偿借用，对同业企业，如果在品牌主题中都过度强调某一自然特征，那么这一自然特征会在消费者心中形成认知，这种品牌概念由于具有一般特征而不具有企业特征，而成为整个行业的共同资产。农产品品牌诉求普遍强调绿色、自然、健康的概念，一些处于领袖地位的农产品品牌由于率先推出了某种理念，品牌效应产生的外部性，使其他品牌的产品免费受益。

（三）农产品品牌的脆弱性

容易受损是农产品品牌建设的一大特点，前些年出现的"瘦肉精""毒大米""三鹿奶粉"事件就是典型的例证。农产品固有的特点是农产品品牌脆弱性的内在原因：第一，农产品的质量隐蔽性导致品牌农产品质量监管难度大。就"三鹿奶粉"事件来看，奶农供给三鹿的牛奶，日常检测指标达30多项，仍然不能检测出有毒物质三聚氰胺，足以证明农产品质量的隐蔽性，使得农产品品牌随时都有风险。只要有个别奶农掺入有害物质，整个品牌都可能要遭受牵连。第二，农产品品牌主体的复杂性，导致各主体之间的质量管理协调难，农产品品牌建设主体主要是农业企业，但政府、农户和行业组织也是参与主体，在"三鹿奶粉"事件中几个主体的质量管理工作没有协调好，使得问题处理得不及时。第三，农产品的食用性特征导致消费者对农产品的质量高度敏感，一旦发生质量安全事故，对于农产品品牌将是致命打击。如双汇"瘦肉精"事件以后，国内整个肉制品行业受到严重打击，产值萎缩过半，"双汇"品牌一夜之间大大贬值。第四，农产品的生物性特征也是农产品品牌易损的原因之一，农产品大都是生鲜产品，在常温下易腐烂、易变质，影响品牌形象和品牌产品质量，如新鲜上市的蔬菜、鲜猪肉、海鲜等农产品随着销售时间的延长，其质量将会越来越差。以上四点都说明农产品品牌相比工业产品品牌比较脆弱，建设难度大、风险大。

三、农产品品牌的分类

农产品品牌按照不同的分类标准，有不同的分类结果。例如，按照品牌价值和农产品消费层次，农产品品牌可分为低档农产品品牌、中档农产品品牌、高档农产品品牌；按照行业的差别，农产品品牌可分为种植业农产品品牌、养殖业农产品品牌、水产业农产品品牌；按照技术含量分类，农产品品牌有传统农产品品牌、科技农产品品牌、高科技农产品品牌；按照知名度层次分类，农产品品牌有初创农产品品牌、知名农产品品牌、著名农产品品牌。分类的标准有多种，分类结果也有多种，下面的分类标准和结果在后面的研究中都会涉及，在此给予较为详细的分类。

（一）按照品牌范围分类

按品牌范围农产品品牌有区域农产品品牌、区域农产品名牌、全国农产品名牌、国际农产品名牌。①区域农产品品牌，是指在某一地区使用，还没有形成知名度的品牌，一般都是新注册的品牌。②区域农产品名牌，是指在某一个地区具备一定知名度的品牌，根据区域大小，区域农产品名牌又可分为县市级农产品名牌、地市级农产品名牌、省级农产品名牌等。③全国农产品名牌，是指在全国范围内有知名度的品牌，如蒙牛牛奶等。④国际农产品名牌，是指被世界公认的，被广泛得到认知的品牌，如雀巢咖啡等。

（二）按照市场地位差异分类

按市场地位差异分类的农产品品牌有领导型农产品品牌、挑战型农产品品牌、跟随型农产品品牌、补缺型农产品品牌。①领导型农产品品牌，是指某行业中市场份额最大的品牌，如食用油行业中的鲁花。②挑战型农产品品牌，指在本产品所在的行业中处于非领导地位，但有能力又有实力向品牌领导者发起挑战的农产品品牌，如胡姬花、金龙鱼等。③跟随型农产品品牌，指行业中处于跟随地位的、无法对领导型品牌构成竞争威胁的品牌。④补缺型农产品品牌，指某一行业只占领某一不被市场主导品牌注意的细分市场的品牌。

（三）按照品牌生命周期分类

按品牌生命周期分类的农产品品牌有初创阶段农产品品牌、成长阶段农产品品牌、成熟阶段农产品品牌和衰退阶段农产品品牌。①初创阶段农产品品牌，是指处于农产品品牌建设初期，在市场上使用时间较短的农产品品牌。②成长阶段农产品品牌，是指已经被市场广泛认可，迅速成长的农产品品牌。③成熟阶段农产品品牌，是指品牌成长到一定时期有足够大的市场占有率和知名度，再成长比较困难的农产品品牌。④衰退阶段农产品品牌，是指没有创新产品，且被消费者抛弃的农产品品牌。

（四）按照品牌内涵的差别分类

按品牌内涵的差异分类，可分为狭义农产品品牌和广义农产品品牌。狭义农产品品牌指农业企业为自己的产品注册的产品品牌，有时简称农产品品牌，如正邦牌鲜肉、圣农牌鸡肉系列产品等。广义农产品品牌，是指所有能够体现农产品质量、功能等属性的标志，包括农产品质量标志、种质标志、集体品牌和狭义的产品品牌等，广义农产品品牌的四种形式对消费者选择农产品和企业、提高农产品竞争力具有重要意义。

第三节　农产品电子商务品牌化建设方面存在的问题

一、农产品营销主体缺乏品牌营销观念

生产经营者品牌意识不强，不能有效开展品牌经营。因没有注册品牌，导致许多优质特产精品少，附加值不高，市场竞争优势和价格优势不强。

二、产业化龙头企业力量薄弱

农业合作社等中介组织和农业产业化龙头企业发展相对滞后，成员之间的联合多以松散型为主，与农户之间的联系不紧密，农产品品牌营销缺乏真正的实施主体，很难对农产品品牌实现有效的投资、管理及维护。

三、农业产业化水平不高

农产品加工业的发展长期被忽视，加之受传统农业生产模式的影响，大多数农产品加工企业的产品基本上停留在粗加工上，精深加工产品没有形成较大的产业规模，农产品品牌营销没有得到有效实施。

四、品牌农业建设的宣传推广力度不足

各种宣传媒介对品牌农业建设的宣传范围较小，力度不足，致使各涉农企业对品牌建设的重要性认知不足，缺乏发展品牌农业的理念和热情，品牌农业的开发和经营难以进行。

五、缺少奖励机制

没有明确的奖励措施来鼓励各涉农企业发展品牌农业，无法带动各企业的生产积极性。

第四节　农产品电子商务品牌化建设实施途径

一、树立并强化农户的品牌意识

从源头上严格把控产品质量，提高企业市场竞争力，提升消费者对农产品品牌的信任度。在很多地方存在许多质量不错的农产品既没有注册商标，又没有专利保护，缺乏广大消费者的认知度和信任度。因此，必须进一步加快农产品检测监督体系建设，为提高农产品的生产加工质量提供可靠保证。要充分发挥农业龙头企业在标准化基地建设和品牌培育中的主体作用，引导、支持农业龙头企业积极申报无公害产品、绿色食品、有机食品和进行品牌开发。积极推行"公司+农户+基地"模式，使龙头企业以订单合同的方式与农民建立稳定的生产销售关系，相互依存、相互促进，逐步形成产业化、规模化、基地化、标准化生产。政府部门要转变职能，强化服务；产品加工企业要将品牌意识放在生产经营首位，突破原有的分散生产经营方式，顺应消费需求，改变盲目地跟从生产习惯，创建特色品牌，实现农产品品牌的多样性。

二、增强产业化龙头企业力量

全面发展农业合作社等中介组织和农业产业化龙头企业规模，

强化农业中介组织与农户之间的联系，达到提高农民组织化程度的目的，构建农户和中介组织协同运作的良好氛围。同时增强产业化龙头企业力量，在发展产业经营中，真正成为农产品品牌营销的主体，对农产品品牌实现有效的投资、管理及维护。

三、大力拓宽农特产品电商销售渠道

有了好产品、好品牌，最关键的是要把农特产品销售出去，让农特产品走出山区、走向市场，提升农特产品的盈利水平。笔者认为要用互联网思维和现代商业模式拓宽销售渠道，特别是顺应"互联网＋"的趋势，注重线上与线下相结合，加快整合资源，构建具有区域特色的农产品电商销售体系。推动农产品线上销售多元化。注重与阿里巴巴、淘宝网、京东商城、苏宁易购、国美在线等主流电商平台的无缝对接和合作，拓展线上销售市场。鼓励有条件的农业产业化龙头企业建立网络营销平台，帮助特色名优农产品企业开设网店，入驻网络销售平台；发展线上订单农业，积极推动有实力的农产品生产企业或专业合作社与超市、大型卖场通过互联网方式进行对接，采用"公司＋专业合作社＋基地＋农户＋实体店"的模式生产营销。创新电商O2O平台运营模式，大力推广O2O平台的应用，鼓励支持发展基于互联网的新型农业产业模式，积极发展众创农业、众筹农业，大力发展"共享农场"，整合农业资源，将消费者与农场主连接起来，采取线上认养、线下代养的模式，促使消费者与农场主达成合作，分享农场种植成果，让都市人实现田园梦想，体验当"农场主"的乐趣。

四、提升农产品品质

互联网时代的很多农产品都在讲故事、求包装、建渠道,这其实是在解决"怎么卖"的问题。但是,大气候农业创始人易丙洪介绍,短期内大气候农业的产品更多是指导种植和生产,只有把产品种好,才能卖好。随着农产品质量安全溯源体系的建立,空有品牌或包装将无法持续下去。同时,大气候农业也提供一个连接农产品与市场的通道,让好的产品可以更容易地被衡量并产生更高的溢价,品质和口碑助力农产品提高复购率。"消费者不可能都是农产品专家,要有相关机构帮助消费者认知。"对于中国农业的发展趋势,易丙洪认为,"中国的农业还没有形成高度的商品化和集约化,从生产主体上分析,农户个体力量弱小,需要紧密的农业协作组织的支持"。在未来,生产规模化会倒逼农业组织关系变革,众多小农户将被纳入集体组织,统一解决"怎么种和怎么卖"的问题。此外,产业链也会逐渐向两端延伸,比如酒厂会自己种植符合要求的农作物当作原材料。

对优质农产品生产基地、农民专业合作社、家庭农场以及农产品生产企业开展例行监测和监督抽查,促进属地管理、部门监管与生产主体质量安全责任的落实,提升农户绿色、安全、生态意识,稳定提升农产品质量安全水平。推进农产品生产标准化体系建设,充分发挥各类涉农经济组织的作用,鼓励引导农业企业、合作社成员、家庭农场等经营主体,对适合农产品电商销售的农特产品进行挖掘整理、注册认证,建立农产品电商产品优选库,并统一种养标准、统一加工标准、统一产品标识、统一产品定价、统一品牌包装、统一营销策划,推动农产品标准化、规模化、品牌化经营。提升农产品生产销售者的溯源意识，全面推行"索票方式"的溯源模式，逐步建立"标签方式"和"追溯卡方式"溯源模式。加大溯源信息平台建设，促使系统资源覆盖到各种农产品生产的各个环节，倒逼流通环节改善服务和经营，促进市场发育，确保农产品质量安全，增强农产品电商销售的竞争力和公信力。

五、建立奖励机制

通过明确的奖励措施，积极鼓励各涉农企业发展品牌农业，以建立品牌为导向，以增加农产品附加值为目标，促使农业品牌建设与农业经济发展的紧密联合。同时促进一二三产业融合发展，全面提升特色产业综合生产能力、产品质量和市场竞争力，快速发展现代农业，优化产业发展环境，转变效益增长方式，提高产业科技含量，拓展产业价值空间，提升产业发展水平，真正达到农业产值的稳步提高，带动农业稳步发展。

案例一：三只松鼠——电商品牌化色彩

"三只松鼠"诞生于2012年，出生于安徽。作为一家食品类B2C电子商务企业，上线65天内，在天猫坚果行业销售额排名跃居第一名，花茶行业跻身前十名。"三只松鼠"是其创始人章燎原带着IDG资本投资的1 000万元创立的。"三只松鼠"是如何快速发展的呢？

1.定位精准，订单式合作

虽然在2012年6月19日试运营上线时，主推坚果类产品，但"三只松鼠"的定位是"多品类的纯互联网森林食品品牌",章燎原介绍,他们还会做茶叶、粗粮等原生态未深加工的产品。

在还很注重低价的电子商务领域,"三只松鼠"有鲜明的品牌化色彩(图7-1展示了"三只松鼠"的品牌宣传),从"三只松鼠"的经营和营销上,可以明显看出,它首先拿来吸引用户的卖点已经不是价格,而是商品质量和服务。

图7-1　"三只松鼠"品牌宣传图

对于消费者来说,电子商务食品一个很大的问题是产品质量和新鲜度。为了解决这两个问题,"三只松鼠"的做法是,先尽量缩短供应链。这样,一方面缩短商品到达消费者手中的时间,另一方面增强产品质量的可控性。"三只松鼠"的供应链管理采取的是核心环节自主、非核心环节外包合作的方式。首要的核心环节当然就是产品源头。

"三只松鼠"在全国范围内寻找产品的原产地,统一采取订单式合作,并提前给预付款。原材料收购之后,委托当地企业生产加工成半成品,每一家厂商不生产超过两样产品。在这里,还增加了一个检验环节。然后,生产出的半成品被送回"三只松鼠"位于芜湖高新区的10 000平方米的封装工厂中,或存于0～5℃的冷库中,或保存在20℃恒温的全封闭车间中。这时，消费者要购买时，再从冷库中拿出来。同时，也能保证商品从生产出来到卖给消费者之间不超过一个月。相对于传统产品，这样大大减少了货架期。而这对于食品，尤其是像坚果类产品的质量和新鲜度非常重要。

2.服务独特，用户至上

吃过海底捞的朋友一定对里面提供的橡皮筋、眼镜布、婴儿车等印象深刻。"三只松鼠"不仅把产品加工得易剥，双层包装，突出松鼠形象，而且在它的包裹里还会提供纸袋夹子，以便吃到一半时可进行袋子的密封。还有垃圾袋、纸巾、微杂志等，吃坚果的工具基本上都能在这个包裹里找到。在线上，客服人员还会化身成鼠小弟时不时地跟顾客卖个萌："主人，买一个吧。"图7-2是用大家常见的"三只松鼠"品牌形象做出的公仔。

图7-2 用"三只松鼠"品牌形象做出的公仔

"三只松鼠"大有誓将所有环节都融入松鼠文化的架势，而且还是一对一的服务。这个"一对一"的基础是对用户的了解。章燎原介绍，他们筛选目标用户的方式主要依赖于软件识别：顾客购买的客单价、二次购买频率、购买产品是什么、购买产品打折商品的比例、是几次购买等。识别出了这些，顾客每次购买"三只松鼠"产品所收到的包裹都会不一样。

"三只松鼠"的创始人章燎原有近10年的传统坚果产品渠道经验，他曾是安徽詹氏食品有限公司的董事总经理。这是一家国内山核桃品类的行业龙头企业，定位于徽派文化，主打高端礼品市场，2010年实现销售近2亿元。章燎原在詹氏做过搬货员、送货员、市场销售员、区域经理、营销总监，直到董事总经理。2011年，他用一年时间打造了"壳壳果"这个网络坚果品牌，实现8个月1 000万元的销售额。

案例二："励志橙"的故事

2012年秋冬，"褚橙"也就是云冠牌冰糖橙受到追捧，成了北京、成都、厦门等地最红的水果，并被网友命名为"励志橙"。这是一个无关荣辱、有关岁月的传奇！

1.凤凰涅槃

从外地毕业来到昆明工作的王女士依然清晰地记得自己第一次吃"褚橙"的经历：下班路过一家水果摊，见一横幅打着"褚时健种的冰糖橙"。出于好奇，王女士到水果摊和老板确认"种橙的褚时健"是不是就是"那个褚时健"。"褚时健的故事我曾听人说过，印象很深，当老板确认就是他的时候，我就买了点品尝，味道出乎意料的好。""味道出乎意料的好"，这是很多初次品尝者的感受。按照往年来看，"褚橙"每千克12~13元的出厂价，比昆明市面上的普通橙子高出数倍，可是不出云南省就卖完了。这几年，云南市面上其他大小品牌的橙子，销售都会避开"褚橙"上市。云冠牌冰糖橙能够有如此风头，靠的当然不仅仅是褚时健这个招牌。

　　传奇背后，是当事者十年磨一剑的坚韧与艰辛，是跌到谷底再度爬起的勇气和斗志。2002年，当巨大的荣耀和挫折都成为过去时，75岁的褚时健回到玉溪新平，这里有他近20年的记忆。从20世纪60年代初来新平，到1979年调任玉溪卷烟厂厂长，在农场、畜牧场、糖厂工作多年的他，对这里的一草一木都熟悉得不能再熟悉了。据报道，出狱后，不少人来找褚时健做生意，有让他去烟厂当顾问的，有让他去搞矿的，开价都是几十万元，但他衡量许久都没答应。

　　机缘巧合，哀牢山旁嘎洒附近的一个农场经营不善，要顶出去，褚时健便想着试试。这个农场原来种甘蔗和橙子，但因为水源、管理没有跟上，效益一直不好。回忆起往事，褚时健说："我弟弟以前是搞水果业的，从他那里了解到中国水果行业的相关情况。美国的水果一直在世界前列，所以我不服气。我尝了很多冰糖橙，湖南的、国外的，感觉都还有不足。橙子含维生素多，吃了对身体有益，又容易存储，所以就下狠心种这个果子。"褚时健后来这样解释种橙子的原因。

　　75岁的褚时健踏上了二次创业之路，新平金泰果品有限公司成立了。公司的灵魂人物是褚时健，董事长是他的妻子马静芬。果苗从哪买，果树怎么栽，怎么施肥，所有这些都要从头学起，因为不懂，吃了不少亏，走了不少弯路。

　　冰糖橙从栽苗到挂果要5~6年时间。"弄错了不光损失钱，更重要的是损失时间。"这对75岁开始种橙子的褚时健来说尤为重要。"那些年刚搬到山上，住的是窝棚，晚上睡觉看得见天的那种，经常能遇到蛇、虫子什么的，要是没有他陪着，我真不敢住在山上。"

妻子马静芬回忆到。

橙子刚挂果时,褚时健年年都会遇到不同问题,果树不是掉果子,就是果子口感不好。这个没什么爱好的老人,买来书店所有关于果树种植的书,一本一本地看。

后来橙子不掉了,但口感淡而无味,既不甜也不酸,褚时健睡不着,半夜爬起来看书,经常弄到凌晨三四点,最后得出结论,一定是肥料结构不对。

这种果子褚时健不敢卖到市场上,怕砸了牌子。第二年,褚时健和技术人员改变肥料配比方法,果然,口味一下就上来了。据说,这种用烟梗、鸡粪等调制的有机肥,成本虽只有200多元,效果却赶得上1 000元的化肥。

褚时健发现,果子的吃味很大程度上取决于肥料的各类养分比例。为保证果园用肥质量,公司投资51万元专门建设了有机肥厂。车间配备了现代化程度较高的装载机、粉碎机、搅拌机等有机肥配制机械,按照生产需要自定配方专门生产。基本实现了肥料自给,从而减少了化学肥料使用量,降低了肥料投入成本,保证了果园土壤改良、果树营养供给和产品质量提高。

"冰糖橙不是越甜越好,而是甜度和酸度维持在18∶1左右,这样的口感最适合中国的习惯。"褚时健说。

2. 不一样的销售理念

几年后,名为"云冠"的冰糖橙上市,老两口在街头促销。只是,在过往行人眼里,这对老夫妻与其他的水果摊贩没有什么区别,包括他们叫卖的橙子。

当地冰糖橙品牌繁多,市场竞争很激烈,橙子怎么卖出去,成了一个大问题。后来,马静芬想打出一个"褚时健种的冰糖橙"的横幅。褚时健起初不同意，但马静芬坚持。结果，横幅一打出来，橙子很快销售一空，"褚橙"的名字也被叫开了，"云冠"反被渐渐淡化。

"褚橙"昆明市场负责人蒋先生介绍，农副产品的销售传统上是一个"骡马大市场"，一般要经过"农户—收购商—批发市场—水果店—消费者"几个环节，大量的费用产生在中间渠道。从2009年开始，"褚橙"尝试着取消销售的全部中间环节，全云南现在有500多家经销商，直接与公司签合同，盘活了整个生产和销售链条。

昆明市场和"褚橙"签订销售协议的销售方，2009年有40多家，2010年有90多家，2011年有100多家，后来接近300家。分为经销商、加盟商、合作商3种。其中，90多家经销商每个月的销售量少则10吨，多则200吨。

"最近经常收到各种要求加货的短信、电话。原本要50件的，现在要500件。目前'褚橙'在云南80%的销量都消化在昆明市场，很多水果商家没有'褚橙'开不了门，一些水果店11月、12月的利润中，70%来自'褚橙'。"

田德书是"褚橙"经销商之一，她在丹霞路的水果店每个月仅"褚橙"的销量就有20吨以上，每箱的利润一般在7~10元。

"由于水果容易破损，从批发市场到水果店，平均的毛利一般在50%以上，而'褚橙'由于省掉了两个最关键的环节，所以平均利润只有15%左右。"在蒋先生看来，"褚橙"的市场定位并不是中高端，而是大众消费品。

3."触网"

"褚橙"的北京之行和"触网"源自和一家名为"本来生活网"的电商合作，也就是从那时起，有关褚时健和"褚橙"的新闻开始见诸媒体。

　　"本来生活网"市场总监胡海卿提供的一组销售数据显示：2012年11月5日上午10点，褚橙开卖；前5分钟卖出去近800箱；最多的一个人，直接购买20箱；一家机构通过团购电话订了400多箱，24小时之内销售1 500箱。到11月9日，已经卖出3 000多箱。

　　但"本来生活网"今年签订的合同只有100吨，而褚橙今年的产量却有8 000吨，网上销量的火爆对"褚橙"的整个市场销售影响并不大。

　　"'本来生活网'核心层多数曾是媒体人，也非常清楚媒体的关注点在哪里，他们借媒体宣传"褚橙"并标出了每箱138元的高售价，实际上更多是为了网站的宣传和138元的高售价。"针对媒体的关注，有人认为，"褚橙""触网"热销获利最大的不是"褚橙"也不是褚时健，而是"本来生活网"，借助"褚橙"的卖点，当年才成立的本来生活网成了最大的赢家。

　　"褚橙"昆明市场负责人蒋先生介绍："从昆明到北京的物流成本，如果是自提的话每千克是2元左右，委托送货的话要4~5元/千克，特级橙在昆明市场的价格在65元/箱左右，由此可见138元的价格是有些偏高的。"

　　不过，显而易见的是，"褚橙"在北京掀起的热潮，也辐射到了其他省市，如成都、厦门等地，就宣传效应这一方面来讲，此次"触网"进京，对"褚橙"品牌打造的影响，将延续数年。

　　对此，业内人士分析认为，"褚橙"的成功充分表明，优秀的企业家和企业家精神对现代中国的产业升级尤为重要。"只有那些具备企业家精神的人，才会去创新传统农作物的种植方式，去创新传统农产品的生产模式和销售模式。现阶段'褚橙'借势社交平台快速累积品牌知名度，再通过线上渠道售卖，传统农作物也能真正触网。"

4.打假

由于果品产量远远满足不了爆发性的市场需求，一些其他果品企业采用类似的包装上市，还有部分果品店以其他橙子来冒充"褚橙"销售，甚至直接用云冠的包装盒装其他橙子，这让金泰果品为此专门设计了特许销售证书发给有供货关系的销售商。

蒋先生介绍，公司是24小时服务到位，如果出现假货，只要一个电话，业务人员会马上赶到现场，如果出现投诉会在24小时内回复，一个政策从决定到每一个网点只需要12小时。

据介绍，"褚橙"上市，要经过采摘、清洗、烘干、保鲜、分选等流程，由于目前市场形势很好，从采摘到昆明的水果店，一般不超过48小时。每个"褚橙"上面都有喷码，是识别码而非防伪码，B开头代表昆明，C开头代表玉溪，目前昆明市场B、C都有，但现在很多时候识别码被误解为防伪码，以至于已经出现了作假的生产流水线，专门喷码、包装等。由于华宁的橙子和褚橙同宗，都来自湖南，因此使用华宁的橙子假冒的现象很多，华宁橙子市场价在6~8元/千克，比"褚橙"低一半。而目前，只有通过品尝才能更好地分辨真假：酸甜度、皮薄，基本无渣。

打假，原先更多依赖行政手段，现在金泰果品正逐步建立自己的队伍，和经销商签合同的第一部分就是"诚信条约"，如果销售假货，将取消奖励和资格，并向所有经销商进行通报，这几年有两家被取消了销售资格。

5.品牌化营销

褚时健的名声和人缘，是"褚橙"品牌价值的有机组成部分，生产者特殊的声誉也带来了无法估量的附加值，在云南省内，有品质支撑的"褚橙"基本就没做过宣传。然而，也有人质疑，顶着励志橙光环在省外高价销售的"褚橙"，能红多久？一旦热潮过去，产品的价值是否也会受到影响？

据了解，金泰果品也一度加大去"褚"力度，力推"云冠"，取得了一定效果，现在昆明基本没有挂横幅的了，但"褚橙"的名气依然比"云冠"大。

不过，云南省市场学会会长、云南大学经济学院教授胡其辉认为，这种担心完全是多余的。"在北京，'褚橙'多是团购或者是当作礼品购买，卖到每箱138元的高价也没什么稀奇的，这是顾客认可的价值。至于'励志橙'，应该说，是消费者发现并放大了'褚橙'的价值。存在的就是合理的，'褚橙'的热销，既是一种商业现象，也是一种文化现象，这表明，褚时健的励志故事所形成的'褚文化'，获得了中原文化的接受。"

胡其辉说，品牌化是农业获取高附加值的出路，但长期以来，中原文化和我们对接不多，人们对普洱茶的接受程度就比不上龙井、碧螺春；云南的月饼，口味很不错，但在省外就卖不过广式月饼。"褚橙"的热销，应该说是云南品牌的一次突破。"人们对价值的判断受到文化的影响，他认可一种文化就会认可一种价值。'褚橙'能在电商的销售策划下，在省外一炮打响，也是水到渠成的事情。褚老一生拼搏，虽然几经浮沉，但一直往前走，他的故事，无论是对企业家还是初入社会的年轻人，都起到了激励的作用。只要抓住这种文化进行包装，做好品牌维护，让价值链的各个环节无论是种植者还是经销者，都能分享到成果，同时确保果品的质量，那么企业就会进入良性发展的轨道。'褚橙'有着较高的文化内涵，不像玉米、大豆这类标准化产品，每年上市的数量是有限的，物以稀为贵，大家又都想尝一尝，这个品牌的价值就上去了。"

胡其辉认为，"褚橙"的商业模式对云南省内其他产业的发展也有借鉴作用，"不能只看到其特有之处，而是要抓住其内涵，给商品注入文化、民族、地理等特质，在保证质量的同时因势利导，褚时健的成功并非是不可复制的。"

本章从品牌的含义和作用入手，探讨了农产品品牌的特征和分类，并且进一步分析农产品电子商务品牌建设过程中出现的一系列问题，具体包括农产品营销主体缺乏品牌营销观念、产业化龙头企业力量薄弱、农业产业化水平不高、品牌农业建设的宣传推广力度不足、缺少奖励机制等。同时还提出了一些可供操作的措施，包括树立并强化农户的品牌意识、增强产业化龙头企业力量、大力拓宽农特产品电商销售渠道、提升农产品品质、建立奖励机制等，让读者对农产品电子商务品牌建设有一定程度的了解。

第八章

农产品电子商务安全

　　随着农产品电子商务的快速发展，农产品电子商务的安全问题也不断出现，农产品电子商务的安全问题亟须引起重视。本章主要从电子商务安全、农产品电子商务网店安全和电子商务安全常用方法三方面进行阐述，分析目前农产品电子商务面临的安全问题及解决的常用方法，并通过具体的案例进行分析。

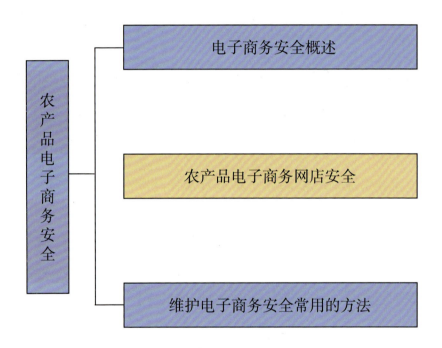

第一节　电子商务安全概述

由于电子商务是在开放的网上进行的贸易，大量的商务信息在计算机上存放、传输，从而形成信息传输风险、交易信用风险、管理方面的风险、法律方面的风险等各种风险，为了应对这种风险，形成了电子商务安全体系。电子商务安全从整体上可分为三大部分：计算机网络安全、商务交易安全和电子商务安全立法。因此，电子商务所面临的安全威胁可以分为计算机及网络系统安全威胁、商务交易安全威胁。

一、计算机及网络系统安全威胁

1.物理威胁

物理威胁包括网络传输线路故障、设备受自然灾害破坏、设备被盗、设备功能失常、电线路或电源故障等引起的供电异常和由于电磁泄漏引起信息失密等。

2.软件漏洞和"后门"

随着计算机系统越来越复杂，一个软件，特别是大型软件，往往由几十万代码组成，由于功能复杂，在设计时难免有漏洞或缺陷，且要想进行全面彻底的测试比较困难。虽然在设计与开发软件过程中可以进行某些测试，但总是会留下某些缺陷和漏洞，这些缺陷可能长时间无法发现，只有当被利用或某些条件得到满足时才会显现出来。另外，随着应用场景的多元化和计算机技术的更新，也会使原本设计的软件出现漏洞，如 Windows 操作系统，不断被用户发现各种各样的安全漏洞。"后门"是在程序或系统设计时插入的一小段程序,用来测试这个模块或将来为程序员提供一些管理上的方便,避免每一次调试时都需要输入大量鉴别信息或登录过程需要的信息,一般不为外人所知。一旦"后门"被打开其造成的后果不堪设想,比如出现非法入侵者可以绕过软件的各种防护措施,直接完成对软件的入侵。

3. 网络协议安全漏洞

计算机系统是各种硬件和各种网络协议的组合,网络服务一般是通过各种各样的协议完成的,因此网络协议的安全性是网络安全的一个重要方面。如果网络通信协议存在安全上的缺陷,那么攻击者就有可能通过截获攻击或者嗅探攻击,不必攻破密钥体制即可获得所需要的信息或服务。值得注意的是,由于网络协议的应用场景不断扩展,网络协议的安全性很难得到保证。目前协议安全性的保证通常有两种方法:一种是用形式化方法证明一个协议是安全的,但证明的输入变量多是理想情形下的或者不能够适应多元化的场景;另一种是设计者用经验来分析协议的安全性,但这种分析无法应对一些新的应用场景。

4. 黑客攻击

黑客攻击手段可分为非破坏性攻击和破坏性攻击两类。非破坏性攻击一般是为了扰乱系统的运行,破坏系统提供正常服务的能力,并不盗窃系统资料,通常采用拒绝服务攻击或信息炸弹;破坏性攻击是以侵入他人计算机系统盗窃系统保密信息、破坏目标系统的数据为目的。

5. 计算机病毒

计算机病毒是能够破坏计算机系统正常运行,具有传染性的计算机恶意代码。计算机病毒具备很强的自我复制能力，利用互联网互联互通，传播速度大大加快。且计算机病毒的入侵具有很强的隐蔽性，增加了人们发现计算机病毒的难度。它侵入网络、破坏资源，成为电子商务中面临的主要安全威胁之一。

二、商务交易安全威胁

电子商务交易安全威胁是指传统商务在互联网络上应用时，假设计算机网络是安全的情况下电子商务交易中所存在的安全隐患问题。例如，传统商务交易过程存在欺骗问题，由于在网络上大家无法面对面，使得这种欺骗性以网络独有的形式呈现，更加容易得逞，如买方目前只能通过人为的评分、卖方上传的照片等数据来衡量一次交易的可信度，而这种人为的评分可以通过欺骗性的刷分抬高，上传的照片可以利用各种技术进行修饰，进一步加大了商务交易过程中面临的欺骗问题。电子商务过程中，由于买卖双方是通过网络来联系的，甚至彼此远隔千山万水，因而建立交易双方的安全和信任关系相当困难。因此，电子商务交易双方都面临着安全威胁。

1. 卖方面临的安全威胁

（1）竞争者的威胁　恶意竞争者以他人的名义来订购商品，从而了解有关商品的递送状况和货物的库存情况。

（2）商业机密的安全　客户资料被竞争者窃取。

（3）假冒的威胁　不法者建立与销售者服务器名称及内容相同的另一个服务器来假冒销售者，造成销售者销量下降，甚至影响销售者的产品口碑。

（4）虚假订单威胁　买方提交订单后不付款，产生虚假订单，造成销售者库存积压，或者付款后进行虚假评价,影响销售者的口碑。

2.买方面临的安全威胁

（1）虚假销售 一个假冒者伪装成正常的销售者，在要求客户付款后，销售商的内部人员不将订单和钱转发给执行部门。

（2）质量欺骗 销售者通过人为的刷评分或者利用工具修图美化商品来提高商品的美誉度，诱导消费者进行购买，而实际商品质量远低于销售者描述的质量。

（3）信息泄露 客户有可能将秘密的个人数据或自己的身份数据发送给冒充销售商的机构，这些信息也可能会在传递过程中被窃取。

（4）拒绝服务 攻击者可能向销售商的服务器发送大量的虚假订单来挤占它的资源，从而使合法用户得不到正常的服务。

实际上，在电子商务中计算机网络安全与商务交易安全是不可分开的，两者相辅相成，缺一不可。如果没有计算机网络安全作为基础，商务交易安全就如空中楼阁，没有基础。而没有商务交易安全的保障，即使计算机网络本身很安全，也是无法满足电子商务特定的安全需求。总而言之，安全方面的问题如果得不到保障，那么任何电子商务活动的开展都将得不到保障。

三、电子商务的安全要求

基于 Internet 的电子商务系统技术不仅可保证买方和卖方在因特网上进行的一切金融交易运作都是真实可靠的，还可以让顾客、商家和企业等交易各方都具有绝对的信心，因而电子商务系统必须保证具有十分可靠的安全保密技术。

1.保密性

保密性是指信息在存储、传输和处理过程中，不被他人窃取。在电子商务中，保密性是指保证交易双方的信息安全，不发生交易所需以外的信息泄露。

2. 完整性

完整性是指确保收到的信息就是对方发送的信息，信息在存储中不被篡改和破坏，保持与原始发送信息的一致性。在电子商务中，指双方交易信息不被篡改和破坏,确保交易按照双方真实需求进行。

3. 信息的不可否认性

信息的不可否认性是指信息的发送方不可否认已经发送的信息，接收方也不可否认已经接收到的信息。在电子商务中，指交易双方不能否认自己曾经发送或接收的订单，以确保交易能够有效进行下去。

4. 交易者身份的真实性

交易者身份的真实性是指交易双方的身份是真实的,不是假冒的。

5. 系统的可靠性

系统的可靠性是指计算机及网络系统的硬件和软件工作的可靠性。在电子商务中，可靠性显得尤为重要，特别是在线支付环节，计算机及网络系统的硬件和软件工作的可靠性对于在线支付能否成功具有决定性作用,甚至直接关系到电子商务是否能够可持续发展。

第二节　农产品电子商务网店安全

一、网店的安全威胁和风险类型

网店安全是一个复杂的系统问题，在开设网店的过程中会涉及可靠性、真实性、保密性、完整性和不可抵赖性这几个要素，通过对网店开展过程中遇到问题的归纳，可把网店的安全威胁和风险类型总结为电子商务系统基础安全威胁、网络安全威胁和交易风险等三个方面。

(一) 电子商务系统基础安全威胁

电子商务的核心是通过网络技术来传递商业信息并开展交易，所以解决电子商务系统的硬件安全、软件安全和系统运行安全等实体安全问题成为实现电子商务安全的基础，关系到电子商务能否可持续发展。电子商务系统的硬件和软件安全是电子商务面临威胁的主要方面。电子商务系统运行安全是指保护系统能连续正常地运行，在这里主要讲述前两个方面。电子商务系统硬件 (物理) 安全是指保护计算机系统硬件的安全，包括计算机的电器特性、防电防磁以及计算机网络设备的安全，受到物理保护而免于破坏、宕机等，保证其自身的可靠性和为软件系统提供基本安全机制。计算机硬件是指计算机所用的芯片、板卡及输入输出等设备，这些芯片和硬件设备也会对系统安全构成威胁。电子商务系统软件安全是指保护软件和数据不被篡改破坏和非法复制。系统软件安全的目标是使计算机软件系统逻辑上安全，主要是使系统中信息的存取、处理和传输满足系统安全策略的要求。根据计算机软件系统的组成，软件安全可分为操作系统安全、数据库安全、网络软件安全、通信软件安全和应用软件安全。计算机软件面临的主要威胁有非法复制、软件跟踪和软件本身的质量问题。计算机软件在开发出来以后，总有人利用各种程序调试分析工具对程序进行跟踪和逐条运行、窃取软件源码、取消防拷贝和加密功能，从而实现对软件的动态破译。由于软件代码较长及设计思路等原因，软件开发商所提供的软件不可避免地存在这样或那样的缺陷，通常把软件中存在的这些缺陷称之为漏洞。这些漏洞严重威胁了软件系统的安全。在发现软件的安全漏洞以后，软件公司采取的办法多数是发布"补丁"程序，以修正软件中所出现的问题。

（二）网络安全威胁

随着信息化社会的发展信息在社会中的地位和作用越来越重要，Internet 为人类交换信息，促进科学技术、文化、教育、生产的发展，提高现代人的生活质量提供了极大的便利。但同时对国家、单位和个人的信息安全带来极大的威胁，不法分子会采用各种攻击手段进行破坏活动，他们对网络系统的主要威胁有系统穿透、违反授权原则、植入、通信监视、拒绝服务五方面。

1.系统穿透

未经授权而不能接入系统的人通过一定的手段对系统认证功能进行攻击，假冒合法用户接入系统，实现获取商业机密信息，对文件进行篡改，非法使用资源等，一般利用系统的薄弱环节（如绕过检测控制）、收集情报（如口令）等方式实现。

2.违反授权原则

一个授权进入系统的合法用户，在系统中做出超出授权范围的行为，将为系统的安全带来很大威胁。

3.植入

一般在系统穿透或违反授权攻击成功之后，入侵者为了给以后的攻击提供方便，常常在系统中植入一种程序，如向系统中注入病毒、后门、逻辑炸弹、特洛伊木马等来破坏系统的正常工作。

4.通信监视

通信监视指在通信过程中从信道进行窃听的方式。软硬件皆可以实现，硬件通过无线电和电磁泄漏等来截获信息，软件则是利用信息在 Internet 上传输时对流过本机的信息流进行截获和分析。

5.拒绝服务

拒绝服务指的是系统由于被破坏者攻击而丧失为合法的用户提供正常服务的能力。例如在 Win NT 的早先版本的服务器中就有漏洞，破坏者可以利用它将大量垃圾信息发往某个特定的端口，使服务器因为处理这些请求而占用大量计算资源和信道带宽，从而不能处理合法用户的正常请求。

（三）交易风险

由于互联网早期构建时并未考虑到以后的商业应用，只是为了便于军队及教学科研人员从事研究工作，利用网络实现异地研究机构的计算资源共享和科研数据的交换，在设计时对于如何保证信息的安全传输考虑过少，另由于使用 TCP/IP 协议及源代码开放与共享策略，为后来的商业应用带来了一系列安全隐患。因此，互联网用于商业领域以后，在安全性方面有其先天不足，尤其是在从事安全性很高的电子商务活动时，其隐患可想而知。在网上交易过程中，买卖双方是通过网络来联系，不像线下交易有利于核实和建立信任，电子商务中交易双方的安全和建立信任关系相当困难。卖方(销售者)面临的风险主要有中央系统安全性被破坏、竞争者检索商品递送状况、客户资料被竞争者获悉、被他人假冒而损害公司的信誉、虚假订单、买方提交订单后不付款、获取他人机密数据等。买方(消费者)面临的风险主要有被他人假冒、付款后不能收到商品、信息被泄露、被拒绝服务等。

二、网店的安全管理

（一）提高网络安全防范意识

现在许多企业没有意识到互联网的易受攻击性，盲目相信国外的加密软件，对于系统的访问权限和密钥缺乏有力度的管理，这样的系统如受到攻击将十分脆弱，其中的机密数据得不到应有的保护。据调查，目前国内 90% 的网站存在安全问题。其主要原因是企业管理者缺少或没有安全意识。某些企业网络管理员甚至认为公司规模较小，不会成为黑客的攻击目标，如此态度，网络安全无从谈起。应定期由公司或安全管理小组承办信息安全讲座，提高网络安全防范意识，才能有效减少网络安全事故的发生。

（二）制定信息安全策略

电子商务交易过程中，需要明确的安全策略，主要包括客户认证策略、加密策略、日常维护策略、防病毒策略等安全技术方案。安全执行机构应根据网络的实际情况制定相应的信息安全策略，策略中应明确安全的定义、目标、范围和管理责任，并制定安全策略的实施细则。在发生重大的安全事故，能够及时发现网络面临的安全威胁，组织体系或技术上发生变更时，应重新进行安全策略的审查和评估。

（三）完善网络系统的日常维护制度

企业网络系统的日常维护就是针对内部网的日常管理和维护，是一件非常繁重的工作。对网络系统的日常维护可以从几个方面进行：一是对于可管设备，通过安装网管软件进行系统故障诊断、显示及报告，网络流量与状态的监控、统计与分析，以及网络性能调优、负载平衡等；二是对于不可管设备，应通过手工操作来检查状态，做到定期检查与随机抽查相结合，以便及时准确地掌握网络的运行状况，一旦有故障发生能及时处理；三是定期进行数据备份，数据备份与恢复主要是利用多种介质，如磁介质、纸介质、光碟、微缩载体等，对信息系统数据进行存储、备份和恢复，这种保护措施还包括对系统设备的备份。

（四）人员安全的管理和培训

参与网上交易的经营管理人员在很大程度上支配着企业的命运，他们承担着防范网络犯罪的任务。而计算机网络犯罪与一般犯罪不同的是，他们具有智能性、隐蔽性、连续性、高效性的特点，因而，加强对有关人员的培训变得十分重要。落实工作责任制，在岗位职责中明确本岗位执行安全政策的常规职责和本岗位保护特定资产执行特定安全过程或活动的特别职责，对违反网上交易安全规定的人员要进行及时处理。贯彻网上交易安全运作基本原则，包括职责分离、双人负责、任期有限、最小权限、个人可信赖性等。

（五）完善保密制度

网上交易涉及企业的市场、生产、财务、供应等多方面的机密，必须实行严格的保密制度。保密制度需要很好地划分信息的安全级别，确定安全防范重点，并提出相应的保密措施。

（六）完善跟踪、审计、稽核制度

跟踪制度要求企业建立网络交易系统日志机制，用来记录系统运行的全过程。系统日志文件是自动生成的，其内容包括操作日期、操作方式、登录次数、运行时间、交易内容等。它对系统的运行进行监督、维护分析、故障恢复，这对于防止案件的发生或在案件发生后为侦破工作提供监督数据，起着非常重要的作用。审计制度包括经常对系统日志的检查、审核，及时发现对系统故意入侵行为的记录和对系统安全功能违反的记录，监控和捕捉各种安全事件，保存、维护和管理系统日志。稽核制度是指工商管理、银行、税务人员利用计算机及网络系统，借助于稽核业务应用软件调阅、查询、审核判断辖区内各电子商务参与单位业务经营活动的合理性、安全性，堵塞漏洞，保证网上交易安全，发出相应的警示或做出处理处罚的有关决定的一系列步骤及措施。

第三节　维护电子商务安全常用的方法

一、防火墙技术

防火墙是一种形象的说法，其实它是一种由软件和计算机硬件设备组合而成的一个或一组系统，用于增强内部网络和外部网络之间、专用网与公共网之间的访问控制。防火墙系统决定了哪些内部服务可以被外界访问，外界的哪些人可以访问内部的哪些服务，内部人员可以访问哪些外部服务等。设立防火墙后，所有来自和去向外界的信息都必须经过防火墙，接受防火墙的检查。因此，防火墙是网络之间一种特殊的访问控制，是一种保护屏障，从而保护内部网免受非法用户的侵入。防火墙的主要技术包括分组过滤技术、代理服务器技术和状态检测技术。

1.分组过滤技术

分组过滤技术是最早的防火墙技术，它根据数据分组头的信息来确定是否允许该分组通过，为此要求用户制定过滤规则，这种技术基于网络协议的网络层和传输层，是一种简单的安全性措施，但不能过滤应用层的攻击行为。目前的防火墙主要是根据分组的 IP 源地址、IP 目标地址、源端口号、目标端口号以及协议类型进行过滤。

2.代理服务器技术

代理服务器技术是应用层的技术，它用代理服务器来代替内部网用户接收外部的数据，取出应用层的信息并经过检查后，再建立一条新的会话连接将数据转交给内部网用户主机。由于内部主机与外部主机不进行直接的通信连接，而是通过防火墙的应用层进行转交，所以可以较好地保证安全性，但是它要求应用层数据中不包含加密、压缩的数据，否则应用层的代理就很难实现安全检测。

3.状态检测技术

状态检测技术是基于会话层的技术，它对外部的连接和通信行为进行状态检测，阻止可能具有攻击性的行为，从而抵御网络攻击。新型防火墙产品中还增加了计算机病毒检测和防护技术、垃圾邮件过滤技术 Web 过滤技术等。随着网络上攻击行为的变化，用户对防火墙也不断提出新的要求。

二、虚拟专用网技术

虚拟专用网技术是一种在公用互联网络上构造企业专用网络的技术。通过虚拟专用网技术，可以实现企业不同网络的组件和资源之间的相互连接，它能够利用 Internet 或其他公共互联网络的基础设施为用户创建隧道，并提供与专用网络一样的安全和功能保障，虚报专用网络允许远程通信方、销售人员或企业分支机构使用 Internet 等公共互联网络的路由基础设计，以安全的方式与位于企业内部网内的服务器建立连接，虚拟专用网对用户端透明，用户好像使用一条专用路线在客户计算机和企业服务器之间建立点对点连接，进行数据的传输。

三、入侵检测技术

防火墙是种隔离控制技术，一旦入侵者进入了系统，他们便不受任何阻挡。它不能主动检测和分析网络内外的危险行为，捕捉侵入罪证。而入侵检测系统能够监视和跟踪系统、事件、安全记录和系统日志以及网络中的数据包，识别出任何不希望进行的活动，在入侵者对系统产生危害前，检测到入侵攻击，并利用报警与防护系统进行报警、阻断等响应。入侵检测系统从计算机网络系统中的关键点收集信息，并分析这些信息，利用模式匹配或异常检测技术来检查网络是否有违反策略的行为和遭到袭击的迹象，是对防火墙的合理补充。入侵检测系统一般由控制中心和探测引擎两部分组成。入侵检测系统模型根据信息源的不同，分为基于主机的入侵检测系统和基于网络的入侵检测系统两大类。一是基于主机的入侵检测系统的数据源是所在主机的系统日志，应用程序日志或以其他手段从所在主机收集的信息等，主机型入侵检测系统保护的一般是所在的主机系统。二是基于网络的入侵检测系统的数据源是网络上的数据包，通过监听网络中的分组数据包来获得分析攻击的数据源并进行比较，根据比较的结果来判断是否有非正常的内容。一般网络型入侵检测技术可分为特征检测和异常检测。

1.特征检测

特征检测是假设入侵者活动可以用一种模式来表示，系统的目标是检测主体活动是否符合这些模式。

2.异常检测

假设入侵者活动异于正常主体的活动，根据这一理念建立主体正常活动的"活动简档"，将当前主体的活动状况与"活动简档"相比较，当违反其统计规律时，认为该活动为入侵行为。

四、加密技术

在密码学中，原始消息称为明文，加密结果称为密文。数据加密和解密是逆过程，加密是用加密算法和加密密钥将明文变换成密文的过程；解密是用解密算法和解密密钥将密文还原成明文的过程。加密技术包括两个要素：算法和密钥。数据加密是保护数据传输安全唯一实用的方法及保证存储数据安全有效的方法。

五、认证技术

认证又称鉴别，是验证通信对象是原定者而不是冒名顶替者，或者确认消息是原始的而不是伪造的或被篡改过的。数据加密能够解决网络通信中的信息保密问题，但是不能够验证网络通信对方身份的真实性。因此，数据加密仅解决了网络安全问题的一半，另一半需要安全认证技术解决。

1. 消息认证

消息认证是用来验证接收的消息是否是它所声称的实体发来的，消息是否被篡改、插入和删除过，同时还可用来验证消息的顺序性和时间性。没有消息认证的通信系统是极为危险的。

2. 身份认证

身份认证是声称者向验证者出示自己身份的证明过程，证实客户的真实身份与其所声称的身份是否相符。身份认证又称身份鉴别、实体认证和身份识别。在电子商务活动中，身份认证是保证双方交易得以安全可靠实施的前提。目前，有很多身份认证的方法，从认证需要使用的条件来看，可以分为单因子认证和双因子认证。单因子认证仅使用一种条件来判断用户的身份，双因子认证通过组合两种不同条件来证明一个人的身份。按是否使用硬件可以分为软件认证和硬件认证；按是否采用密钥机制可以分为非密钥机制的认证和基于密钥机制的认证；按认证信息可以分为静态认证和动态认证。

身份认证技术的发展，经历了从软件认证到硬件认证，从单因子认证到双因子认证，从静态认证到动态认证的过程。身份认证一般基于客户拥有什么，如令牌、智能卡或者 ID 卡，客户知道什么，如静态密码，客户有什么特征，如指纹、虹膜和脑电波等。常见身份认证技术包括口令认证 IC 卡认证。随着网络和黑客技术发展，静态口令认证已经被证明是不安全的，静态的密码方案不能抵御截取 / 重放攻击、字典攻击，且密码容易忘记，所以其安全性是很低的，不能满足电子商务中身份认证的要求。目前，一些较成熟的身份认证技术，基本上采用硬件来实现，如 IC 卡和 USB Key 认证技术等。

六、数字签名

书信或者文件是根据亲笔签名或盖章来证明其真实性，在计算机网络中传送的文件以及电子邮件通过数字签名来模拟现实中的签名效果。数字签名并非是书面签名的数字图像化。数字签名，就是通过加密算法生成系列符号及代码组成电子密码进行签名。用户采用自己私钥对信息加以处理，由于密钥仅为本人所有，这样就产生了别人无法生成的文件，也就形成了数字签名，以保证信息传输过程中信息的完整性和真实性。

案例一：随着网络技术的发展，网购诈骗案——接个电话近 7 万元就没了

网购越来越走进大家的生活，不管是各种服装服饰，还是家用电器、生活用品，很多人都会在网上购买。现在的诈骗团伙也是看

中网购良好的趋势，开始想出一些新招数，以各种层出不穷的方式进行诈骗，让人防不胜防，一不小心就掉入诈骗团伙设计好的陷阱里。

28岁的小静在浙江海宁打工，网购了一条皮带，在付款后的第二天小静就收到了物流的信息短信，显示包裹已经被签收了。可是小静在自家小区门卫那里没有找到所谓签收了的包裹，于是小静联系了自己买皮带的网店客服，客服表示有关快递的物流信息还是需要跟快递员联系。于是小静准备联系快递的客服，自己电话还没打出去，有一个陌生的电话就打进来了，声称自己是快递售后，并且告诉小静她的包裹因为某种原因丢失了，她可以选择重新拍一下链接再发货，并且可以以一赔三。对方让小静加个好友，并发来了理赔的链接。小静觉得快递的电话应该不会有问题，想都没想，就打开了链接把自己的个人身份信息姓名、身份证号等都输入进去了。最后还被要求发送一个短信的验证码，小静觉得有点不对劲，于是随手打开了自己的支付宝查看，发现自己余额宝里的69 800元不翼而飞了。

小静才反应过来自己被骗了，刚刚接的电话很有可能是诈骗电话，于是立即报了警。小静赶到派出所后，一直声称是快递的"售后人员"打电话过来催促小静进行下一步的操作。民警在听了小静阐述的事情经过之后，判断是一起网络诈骗，迅速启动了止损的机制。也因为小静的机智，迟迟没有输验证码，卡里的余额也并没有被转出去，而是被转移到了支付宝的"小钱袋"的功能当中。骗子已经通过先前小静输入的个人信息进入了支付宝账户当中，但因为不知道小静的密码和验证码，所以里面的钱暂时没有被转出去。在这个事件过程当中，还好小静沉着冷静，才避免了更严重的损失。事件主要的原因是签收的消息和售后配合得天衣无缝，很难让人产生怀疑，从而让小静险些中招。现在有很多的购物信息除了物流和网店之外，还有很多的第三方也会获取到订单信息，并且把信息进行贩卖。如果他们把这些信息卖给骗子，那么骗子就可以掌握你的一些情况，所以也能如此"巧合"地知道你的签收信息，这样的骗局让人防不胜防。

案例二：淘宝卖家遇到诈骗

关于淘宝卖家遇到诈骗案例，网上有很多新闻报道，都各有各的特点，下面告诉大家的，是一个最常见、最普通的案例，各位卖家如果遇到类似问题，一定要提高警惕性，千万不要赔了夫人又折兵。

小港最近刚在淘宝网上开了家小店，因为刚起步店铺信誉很低，所以店铺一直没什么买家光顾，小港也一直为如何能提高自己店铺的信誉度烦恼。最近，小港听说网上有专业帮店铺刷信誉度的人，一天他在网上看到有人发布信息代刷信誉度，欣喜若狂，赶紧加对方为好友。

小港与对方经过一番讨价还价的详谈，两人商定以互相去对方店铺买东西后，在实际没收到东西的情况下直接确认收货并给好评的方式，帮彼此的店铺通过这种方式刷信誉，同时说好由小港先去对方开在拍拍网的店铺刷单，然后对方再到小港开在淘宝网的店铺刷单。

之后小港就去对方拍拍网店铺里刷了一个 280 元的单并通过支付宝付了款，对方也就随便填了虚假的物流要小港确认收货。等对方确认收到了这 280 元后，原本应该对方帮小港刷信誉的，但这时对方推脱说现在资金紧张，需要更多的流动资金，于是要求小港再去他店铺内刷 2430 元的单。为了自己店铺的信誉度，小港又一次付了款，但是等小港再联系对方时，对方又推脱说店铺账户被冻结了不能付款，小港信以为真地催促对方赶紧到他店里刷单，当时对方很爽快地答应了。

到了第二天下午4点多，小港再次催对方时，对方第三次要求小港去他店里刷810元的单，而小港第三次乖乖地付了款。而等小港要求对方帮其店铺刷单时，对方直说会尽快把钱通过刷单的方式还给他。但直到第三天小港再次追问对方到底什么时候替他刷单时，对方就不理他了，这时候小港才知道自己遇上骗子了。

小港本想让淘宝客服介入，然而，对方听说是刷单，而且小港又拿不出有效的证据，没有对其采取进一步行动。而小港对对方的真实身份毫不知情，想要维护自身权益都没有合适的渠道，最后只能打掉牙往肚子里吞。

这样的诈骗案例告诉我们，淘宝卖家也需谨慎，不要为了一时的利益，而让骗子有空可钻。如果你真的不幸遭遇到了诈骗，一定要及时保留相关证据，通过官方或者相关政府部门维护自身合法权益。

本章首先介绍了电子商务安全的相关概述，包括计算机及网络系统安全威胁、商务交易安全威胁、电子商务的安全要求；其次介绍了农产品电子商务网店安全，包括网店的安全威胁和风险类型、网店的安全管理；最后介绍了电子商务安全常用方法，包括防火墙技术、虚拟专用网技术、反病毒技术、入侵检测技术、加密技术、认证技术和数字签名。

[1] 魏延安.农产品上行需要过"五关"[J].新农业,2018(6):36-39.

[2] 邢江波.电子商务环境下生鲜农产品物流同城配送网络优化.大连海事大学,2012.

[3] 杨路明,等.电子商务物流管理(第2版).北京:机械工业出版社,2013.

[4] 吴健.电子商务物流管理(第2版).北京:清华大学出版社,2013.

[5] 郭永召,陈中建.农产品电子商务教程.北京:中国农业科学技术出版社,2016.

[6] 于学文,杨欣,张林约.农产品市场营销与电子商务.北京:中国农业出版社,2017.

[7] 李华,牛芗洁.农产品电子商务与网络营销.北京:中国农业出版社,2017.

[8] 吕亚伟.农产品电子商务.北京:中国农业科学技术出版社,2017.

[9] 张夏然,梁雪峰.农产品电子商务.北京:中国农业科学技术出版社,2015.

[10] 梁宝峰,陈彦君.农产品电子商务.北京:中国农业科学技术出版社,2017.

[11] 高武国,李鲁涛,徐耀辉.农产品电子商务与网络营销.北京:

中国农业科学技术出版社，2015.

[12] 杨超．农产品电子商务．北京：中国农业科学技术出版社，
    2016.

[13] 宋芬，陈画．农产品电子商务．北京：中国人民大学出版社，
    2018.

[14] 陈君．农产品电子商务．西安：西安交通大学出版社，2018.

[15] 郭永召，陈中建．农产品电子商务教程．北京：中国农业科学
    技术出版社，2016.

[16] 杭州市临安区科学技术协会，杭州市临安区林业局（农业局）．农
    产品质量安全与农村电子商务．杭州：浙江科学技术出版社，
    2018.